18.80

Sylvia zur Schmiede / Manfred Miethe

Wer glücklich ist, kann glücklich machen

HERDER / SPEKTRUM
Band 5028

Das Buch

„*Glücklich machen ist das höchste Glück*“, sagt Theodor Fontane. Dieser Wahrheit sind die Texte dieses Buches auf der Spur – anschaulich, farbig, mit Humor und voller Lebenserfahrung. Sie wissen um die gegenseitige Verflochtenheit des menschlichen Glücklichseins. Neid, Egoismus und Aggression führen nur zur Frustration. Glück ist nicht dividierbar. Es will sich mitteilen. Man braucht es keinem wegzunehmen, um es selbst zu haben. Ein Buch, das einlädt, inneren Reichtum jeden Tag neu zu erleben und ihn als Geschenk mit anderen Menschen zu teilen. Und ein Lebensbegleiter, der anregt, mehr auf die Stimme des eigenen Herzens zu hören. Ein Geschenkbuch zur Lebenskunst, das zum Glücklichsein geradezu inspiriert …

Die Autoren

Sylvia zur Schmiede, 1954 in Ceylon geboren, Mutter von vier Töchtern; *Manfred Miethe*, 1950 in Hamburg geboren, Autor von 12 Büchern; leben in Bern.

Sylvia zur Schmiede / Manfred Miethe

Wer glücklich ist, kann glücklich machen

Von der Freude, die in unseren Herzen singt

Herder

Freiburg · Basel · Wien

Gedruckt auf umweltfreundlichem,
chlorfrei gebleichtem Papier

Taschenbuchausgabe
Verlag Herder Freiburg im Breisgau 1999
Herstellung: Freiburger Graphische Betriebe 1999
Umschlaggestaltung: Joseph Pölzelbauer
Umschlagmotiv: Jacoba van Heemskerck, Zwei Bäume, 1910
Öl/Lwd., 70×88cm, Den Haag, Haags Gemeentemuseum
ISBN 3-451- 05028-5

Inhalt

Je weniger wir besitzen, desto mehr haben wir

Je einfacher wir unser Leben gestalten, desto reicher sind wir

Je mehr wir loslassen, desto mehr wird uns geschenkt

Je langsamer wir leben, desto schneller reifen wir

Und am Ende aller Forschungsreisen
werden wir an unseren Ausgangspunkt gelangen
und den Ort zum ersten Mal wahrhaft erkennen.

T. S. Eliot

Weniger ist mehr: Einführende Worte

Jeder Mensch möchte glücklich sein. Nur: Fast keiner von uns ist es auch. Und obwohl es vielen von uns auf materieller Ebene immer bessergeht und wir immer mehr besitzen, werden wir doch nicht glücklicher.

Obwohl die meisten von uns versuchen, das Glück zu finden, indem wir Dinge und Erfahrungen anhäufen, kommen wir unserem Ziel nicht einen Schritt näher. Obwohl es uns gelingt, immer mehr in immer weniger Zeit zu tun, nimmt die Lebensqualität zusehends ab. Obwohl wir Zeit sparen, wo wir nur können, steht uns immer weniger davon zur freien Verfügung. Das mag zunächst rätselhaft erscheinen, ist aber leicht zu verstehen, wenn wir uns vergegenwärtigen, daß die Lebensqualität ihr ganz eigenes Paradox hat: Je einfacher wir leben, desto reicher sind wir.

Die Vielzahl materieller Güter, mit denen wir uns umgeben und die uns, wenn wir der täglichen Indoktrination durch die Werbung glauben, das Leben erleichtern und verschönern werden, haben nicht dazu geführt, daß wir den Glückszustand, nach dem wir uns alle so sehr sehnen, auch wirklich erlangen. Im Gegenteil: Wir ähneln Menschen, die im Meer treiben und vor Durst umkommen. Das, was uns umgibt, ähnelt dem, nach dem uns dürstet, aber es kann es niemals ersetzen.

Dabei tun wir alles menschenmögliche, um unser Ziel zu erreichen. Wir kaufen uns kostbare Dinge und schaffen uns ein modernes Gerät nach dem anderen an, um Zeit zu sparen und unsere Lebensqualität zu erhöhen; wir gehen in Konzerte, treiben Sport, lassen uns massieren, sammeln Erfahrungen und verreisen in exotische Länder. Wir arbeiten unsere Kindheit auf, gehen in die Eheberatung oder besuchen ein Reinkarnationsseminar nach dem anderen; wir finden heraus, daß wir zuviel oder nicht genug lieben, daß wir emotionale Defizite haben, die es zu füllen gilt, oder körperliche Blockaden, die uns daran hindern, unsere Lust zu befriedigen.

Eigentlich machen wir alles richtig, und täglich erstaunt uns die Wissenschaft mit neuen Erkenntnissen über erfolgversprechende Hilfsmittel, dank derer wir ein erfülltes Leben führen können. Manche dieser Mittel gibt es als Pillen, die geschluckt, andere sind Wege, die gegangen werden müssen; an manche muß man glauben, andere erfordern eine hohe Risikobereitschaft. Aber eines ist den genannten Dingen gemein: Sie liegen außerhalb unserer selbst, und wir versuchen, sie uns einzuverleiben, sie zu einem Teil unserer selbst zu machen, zu dem Teil, den wir dann «Glück» nennen.

Aber paradoxerweise scheinen oft gerade die Menschen, die «alles haben», am unglücklichsten zu sein. Äußerer Reichtum ist also sicherlich keine Garantie für Glück, aber materielle Armut ist es ganz sicher auch nicht. Innerer und äußerer Reichtum schließen einander nicht aus, aber sie bedingen sich auch nicht.

Geld macht weder glücklich, noch beruhigt es; aber es macht auch nicht zwangsläufig unglücklich oder verursacht Schlaflosigkeit. Extreme Erfahrungen lassen uns nicht automatisch den Sinn des Lebens erkennen, aber sie verhindern diese Erkenntnis auch nicht. Nur: Wer sein Glück von der Menge des Geldes abhängig macht, über das er verfügen kann, oder von der Menge Adrenalin, das durch seine Adern schießt, der wird nie wissen, was Glück wirklich ist.

Können Sie sich vorstellen, daß ein Mensch auf seinem Sterbebett als letzten Wunsch äußert, mehr Geld zu haben oder noch einmal eine Steilwand zu erklettern? Wohl kaum. Denn spätestens im Angesicht des Todes werden uns unsere Prioritäten klar, und Geld und der Erwerb von Erfahrungen und Dingen – und mögen sie noch so aufregend oder schön sein – gehören nicht dazu.

Zwar bereitet uns das neue Kleid zunächst eine gewisse Freude, und wir verspüren einen angenehmen Rausch, wenn wir die Kreditkarte über den Verkaufstresen schieben und das Objekt unserer Begierde in Empfang nehmen, aber glücklich macht es uns nicht. Der neue, große Wagen, das phantastische Brillantkollier oder der neue, superflache Fernseher faszinieren uns nur eine Weile, dann benützen wir sie nur noch und schielen schon neidisch auf die Spielzeuge des Nachbarn.

Auch wer sein Glück in nichtmateriellen Dingen sucht, in Grenz- und Gipfelerfahrungen, in häufig wechselnden Sexualpartnern, in Extremsportarten oder Abenteuern in virtuellen oder real existierenden Welten, wird letztendlich immer wieder enttäuscht werden und immer extremere Dinge tun, um «Glück», das scheue Wild, vor die Flinte zu bekommen und es doch noch zu erlegen.

Glück läßt sich nicht dadurch finden, daß wir es suchen. Glück existiert ja nicht «dort draußen», wo wir es für Geld oder Gefälligkeiten kaufen könnten. Glück ist eine Sache des Herzens; es kommt, wenn wir bereit sind, es anzunehmen. Genauer gesagt, wenn wir merken, daß Glück im Grunde Einstellungssache ist und daß wir es schon immer in der Hand hatten, glücklich zu sein, daß uns aber die Suche nach dem äußeren Glück davon abgelenkt hat, das wahrzunehmen, was jedem von uns als Geschenk mit in die Wiege gelegt wurde. Je weniger wir tun, desto mehr können wir sein. Je weniger wir besitzen, desto mehr haben wir. Je einfacher wir unser Leben gestalten, desto reicher sind wir.

Wir möchten Sie, liebe Leserin und lieber Leser, mit diesem Buch anregen, Ihr Leben zu vereinfachen und mehr auf die Stimme Ihres Herzens und weniger auf die der Werbung zu hören. Wir möchten Sie dazu inspirieren, das Tempo Ihres Lebens zu verlangsamen und sich Zeit zu nehmen für das, was Sie wahrhaft bereichert. Wir möchten Sie ermuntern, weniger zu suchen und weniger zu tun, und statt dessen einfach zu sein und zu erkennen, was immer da ist, und mehr das anzunehmen, was Ihnen sowieso in jeder Sekunde Ihres Lebens geschenkt wird.

Wir haben dieses Buch mit der Absicht geschrieben, Sie teilhaben zu lassen an der Freude, die uns die einfachen Dinge des Lebens täglich bereiten, und an dem namenlosen Glück, das in unseren Herzen singt. Möge dieses Buch Ihnen helfen herauszufinden, was Sie zum Glücklichsein brauchen, und möge es Sie dabei unterstützen, ein erfülltes Leben zu führen.

Glück ist allein der innere Friede.
Lerne ihn finden. Du kannst es.
Überwinde dich selbst,
und du wirst die Welt überwinden.
Gautama Buddha

Je weniger wir tun,
desto mehr können wir sein

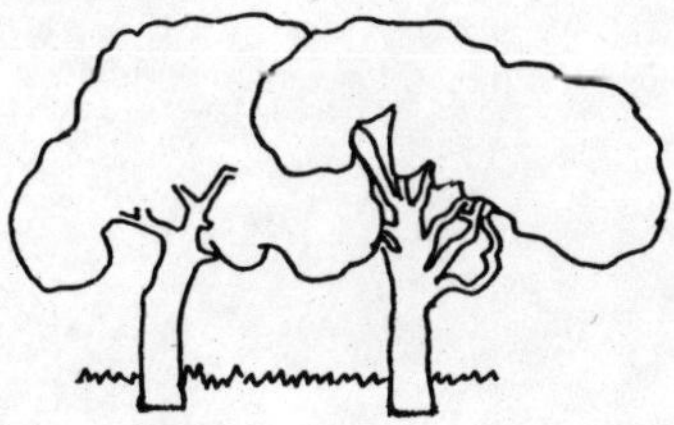

Die volle Tasse

Wir möchten dieses Kapitel mit einer kurzen Geschichte beginnen, die sehr schön das Dilemma vieler Menschen und einen Ausweg daraus illustriert.

Zu einer weisen Frau kam ein gelehrter Professor der Universität. Er hielt dort Vorlesungen «über den psychokulturellen Kontext sozialer und individueller Glückszustände». Nur war ihm in all den Jahren des Forschens und des Lehrens eines entgangen: wie sich Glück anfühlt. Die Frage, ob er selbst glücklich war, hatte er sich nie gestellt, und erst in letzter Zeit – nachdem ihn seine Frau verlassen hatte – war ihm aufgefallen, daß er schon seit Jahren nicht gelacht oder sich über irgend etwas gefreut hatte.

Also war er zur Weisen gekommen, um diese zu fragen, was Glück sei. Die Weise lächelte weise – das ist in diesen Geschichten immer so – und bot ihrem Gast Kaffee an. Als der Professor ihr geistesabwesend seine Tasse entgegenhielt, da goß die weise Frau ihm ein und hörte auch dann nicht auf, als die Tasse schon überfloß und der Kaffee auf den Boden lief.

Der Professor war empört. «Ja sehen Sie denn nicht, was Sie da tun?» fuhr er die Weise an. Diese goß seelenruhig weiter. Erst als die Kanne leer war und der Teppich und der Anzug des Professors ruiniert, fing sie zu sprechen an.

«Nehmen Sie Milch in Ihren Kaffee?» fragte sie ihn seelenruhig. Der Professor verschluckte sich fast vor Wut und rief mit hochrotem Kopf: «Sind Sie denn blind? Die Tasse ist doch voll! Wie könnte da noch Milch hineinpassen?»

«Sehen Sie, mein lieber Herr Professor», erklärte die Weise geduldig, als ob sie es mit einem kleinen Kind zu tun habe. «Sie stellen mir zwar die Frage nach dem Glück, aber Sie sind gar nicht bereit, die Antwort zu hören. Denn Ihr Kopf ist wie die Tasse, die Sie in der Hand halten, übervoll. Es paßt einfach nichts mehr hinein. Wenn Sie erfahren wollen, was Glück ist, müssen Sie erst einmal alles vergessen, was Sie darüber zu wissen glauben.»

Der Kopf muß leer werden, um neue Informationen aufzunehmen. Das ist die Voraussetzung für jedes Forschen und Erforschen. Wenn wir uns die Frage stellen, was wir zum Leben und zum Glücklichsein eigentlich brauchen, dürfen wir nicht von vornherein bestimmte Gebiete ausklammern, sondern müssen bereit sein, alles, aber auch alles – und besonders das Liebgewonnene – in Frage zu stellen.

Wenn unser Herz von Liebe und Glück erfüllt

sein soll, muß es zunächst einmal von allem geleert werden, was sich als Glücksersatz darin festgesetzt hat: Vergnügungssucht, «Liebe», die an Bedingungen geknüpft ist, Angst. Wie schon ein junger Weiser vor beinahe zweitausend Jahren sagte, müssen wir werden wie die Kinder, wenn wir das Himmelreich schauen wollen.

Das bedeutet, daß wir das Glück nur dann wahrnehmen werden, wenn wir uns kein Bild davon machen, was Glück eigentlich ist, und daß die Liebe nur dann zu uns kommen wird, wenn wir aufhören, sie in unser Leben zwingen zu wollen. Und Lebensqualität, die stellt sich erst dann ein, wenn wir herausgefunden haben, was wir zum Leben und zum Glücklichsein wirklich brauchen.

Wir bitten Sie, bei der Lektüre dieses Buches ein paar Minuten am Tag wie ein Kind zu sein: vorurteilsfrei, neugierig und abenteuerlustig. Kommen Sie mit uns auf eine Reise, an deren Ende Sie zwar nirgendwo angekommen sein werden, auf der sich aber Ihre Wahrnehmung möglicherweise so stark verändert haben wird, daß Sie Ihre «vertraute» Welt kaum noch wiedererkennen.

Sie werden vielleicht ein bißchen häufiger lächeln oder in bekannten Gegenständen neue Farben, Formen und Töne entdecken; Sie werden möglicherweise Qualitäten in anderen Menschen wahrnehmen, von denen Sie bisher keine Ahnung hatten; es wird Ihnen hoffentlich leichter fallen, die Geschenke des Lebens anzunehmen. Wir wünschen es Ihnen von Herzen.

Die Kunst des Ausruhens
ist ein Teil der Kunst des Arbeitens.
John Steinbeck

Möchte ich glücklich sein?

Bitte beantworten Sie sich ganz ehrlich die folgenden Fragen, und beobachten Sie, welche Gedanken und Gefühle dabei in Ihnen aufsteigen – ohne diese zu beurteilen. Das können Gedanken sein wie: «Das klappt ja doch nicht!» «Wer ist schon glücklich?» «Leben heißt leiden!» Das können aber auch Körperempfindungen wie Bauchschmerzen, Herzklopfen, Beklemmungen im Kehlkopfbereich oder der Brust oder Gefühle wie Angst, Mutlosigkeit, Vorfreude oder Aufregung sein.

Möchte ich eigentlich glücklich sein?
Warum möchte ich glücklich sein?
Wann möchte ich glücklich sein?
Was brauche ich, um glücklich zu sein?
Wen brauche ich, um glücklich zu sein?
Möchte ich, daß auch andere Menschen
glücklich sind?
Kann ich auf Kosten anderer Menschen
glücklich sein?
Brauche ich das Glück anderer Menschen als
Vorbedingung für mein eigenes Glück?

Schreiben Sie sich die Antworten auf, und lassen Sie sich dabei viel Zeit. Beschränken Sie sich nicht auf das vermeintlich «Machbare». Zensieren Sie nichts. Lassen Sie Ihren Wünschen und Hoffnungen freien Lauf. Schlagen Sie über alle Stränge. Werfen Sie alle «Vernunft» über Bord. Es gibt keine allgemeingültigen richtigen Antworten. *Ihre* Antwort ist immer die *richtige* für *Sie*.

Bewahren Sie den Zettel mit Ihren Antworten auf; holen Sie ihn aber erst dann wieder hervor, wenn Sie das Buch ganz durchgelesen haben.

Leben ist Sein, nicht Tun

Viele Menschen hetzen durch ihr Leben, als würden sie bestraft werden, wenn sie auch nur eine Sekunde lang stillstehen und nicht ständig in Bewegung bleiben. Vom frühen Morgen bis zum späten Abend muß jede Minute bis zum Bersten mit Aktivitäten gefüllt sein. In Zeiten, in denen sie nichts tun, haben sie das Gefühl, sie hörten gleichsam auf zu existieren. Selbst Rentner und Kinder klagen, sie hätten keine Zeit und wären immer im Streß.

Streß entsteht aber nicht durch äußere Umstände, sondern ist die Folge einer bestimmten Wahrnehmung der Welt. Und dieser Wahrnehmung zufolge besteht das Leben ausschließlich aus Tun. Wer einfach nur ist, den gibt es gar nicht. «Du sollst tun, damit du bist», lautet das elfte Gebot unserer Kultur. So ist es kein Wunder, daß wir Mitteleuropäer mit einer Mischung aus Verachtung und heimlichem Neid auf die Menschen südlicher Länder blicken, die mittags, wenn wir schaffen, schlafen, die da, wo wir hetzen, schlendern, und die dort, wo wir im Gleichschritt marschieren, tanzen.

Wer nichts tut, der hat auch keine Existenzberechtigung, heißt eine der Maximen der Leistungsgesellschaft. So begrüßen wir uns auf Parties nicht nur mit der freundlichen Frage: «Wie geht es Ihnen?», sondern mit einem ein- und abschätzenden Ritual: «Ich bin Rechtsanwalt. Und was tun Sie?» Und wehe dem, der frech sagt: «Ich stehe hier, atme ein und aus und unterhalte mich mit Ihnen!» Der hat sich gerade selbst aus der Gemeinschaft der Leistungsträger ausgeschlossen.

Und wie wir aus eigener Erfahrung wissen, langt auch die Antwort: «Ich bin Hausfrau und Mutter von vier Kindern» nicht. Wir erleben es immer wieder, daß dann ein erwartungsvolles Schweigen ausbricht, das schon bald von der verständnislosen Frage unterbrochen wird: «Und sonst? Was machen Sie sonst?» Es scheint, als ob die Erziehung von vier Kindern und die Instandhaltung eines Hauses als 590-Mark-Job angesehen würde, der noch gut nach Feierabend gemacht werden könnte, oder als ob die Tätigkeit einer Versicherungsangestellten oder Werbegraphikerin nützlicher und sinnvoller wäre als das Erziehen von Kindern.

In Wirklichkeit besteht das Leben aber nicht aus Tun, sondern aus Sein. Niemand braucht seine Existenz auf diesem Planeten durch Hektik zu rechtfertigen. Keiner von uns wird im Himmel Pluspunkte sammeln, nur weil er sich hier auf Erden zu Tode gearbeitet hat.

Im Gegenteil: Einlaß in den Himmel bekommen nur diejenigen Menschen, die nachweisen können, daß in ihrem Leben auf jede Minute Tun mindestens zehn Minuten Sein kamen. Es soll dort oben – so hörten wir gerüchteweise – in den letzten Jahren immer leerer geworden sein.

Wenn es überhaupt inneren Frieden gibt,
dann entsteht er aus dem Sein, nicht aus dem Haben.

Henry Miller

Der Geschmack des Lebens

Wenn Sie den Geschmack eines Apfels kennenlernen möchten, nützt es nichts, sich ihn anzuschauen, im Lexikon nachzuschlagen, was einen Apfel von einer Birne unterscheidet, oder mit Freunden darüber zu diskutieren, wie er wohl schmecken könnte. Es gibt nur einen Weg, den Geschmack eines Apfels kennenzulernen: Sie müssen hineinbeißen, ihn sich einverleiben, ihn zu einem Teil Ihrer selbst machen.

Aber es nützt nichts, so viele Äpfel wie möglich in sich hineinzustopfen, nur um später stolz sagen zu können: «Ich habe schon hundert Äpfel gegessen. Daher bin ich ein Experte auf diesem Gebiet.»

Die Menge macht es nicht. Ein Mensch kann hundert Äpfel essen und nicht einen davon wirklich schmecken. Ein Mann kann mit hundert Frauen ins Bett gehen und doch nichts über das Wesen der Liebe erfahren. Eine Frau kann sich von oben bis unten mit Brillanten vollhängen und doch nicht strahlen.

Nicht anders verhält es sich mit dem Leben. Solange Sie bloß Zuschauer des Lebens sind, entgeht Ihnen sein Sinn (sozusagen sein Geschmack). Der Sinn des Lebens läßt sich niemals im Außen finden, in dem, was Sie *tun*, sondern nur im Innern des Lebens selbst, in dem, was Sie *sind*. Und der innerste Kern Ihres Seins ist Ihr Herz. Dort – und nur dort – liegt die Antwort auf die Frage nach dem Sinn des Lebens verborgen. Und dort liegt auch das ewige Geheimnis des Glücks.

Das Leben läßt sich nicht erfahren, indem Sie es mit Erfahrungen und Abenteuern, Menschen und Orten vollstopfen. Die Menge macht es nicht. Im Leben kommt es nur auf Qualität an, nie auf Quantität. Es sei denn, Ihr höchstes Ziel im Leben ist es, auf dem Sterbebett damit anzugeben, wieviel Sie erlebt haben und wieviel Sie in Ihr armes

Leben hineingequetscht haben, bis es endlich geplatzt ist. Aber damit würden Sie sich auch noch das Erleben Ihres letzten Atemzuges kaputtmachen.

Aus einem Überfluss an Liebe

Die materiellen Grundbedürfnisse der meisten Mitteleuropäer sind heute erfüllt. Wir haben genug zu essen, ein Dach über dem Kopf, ausreichend warme Kleidung und sind relativ sicher vor Naturkatastrophen. Ganz anders hingegen sieht es mit unseren nichtmateriellen Bedürfnissen aus. Bekanntlich lebt der Mensch ja nicht vom Brot allein, sondern braucht die Gesellschaft anderer Menschen, Zuneigung, Liebe, Mitgefühl, Freundschaft, Anerkennung, Lob, Nähe – kurz: menschliche Wärme.

Und in diesem Bereich sind die meisten von uns unbefriedigt. Wir sitzen isoliert in unseren Büros und kommunizieren über Telefone und Faxgeräte; wir fahren in unseren Autos und sind durch Blech und Glas – und die nicht unerhebliche Geschwindigkeit – von den anderen Autofahrern getrennt; wir leben als Singles in Zweizimmerwohnungen und essen vor dem Fernseher, auf dessen Bildschirm zweidimensionale Menschen sich das Leben durch Intrigen und Gewalt zur Hölle machen. Wir sind allein. Aber wir ahnen, daß das nicht so sein muß, und wir hoffen, daß uns eines Tages jemand aus unserer Einsamkeit erlösen wird.

Der Wunsch, nicht länger allein zu sein, führt uns dazu, unser Glück dort zu suchen, wo wir es niemals finden werden. Wir versuchen, die Anerkennung anderer Menschen – und damit Zuwendung – zu finden, indem wir schwer arbeiten und uns in unserem Beruf unentbehrlich machen, indem wir uns mit Status- und Prestigesymbolen umgeben, indem wir Besitz und Reichtümer anhäufen, indem wir zur richtigen Zeit am richtigen Ort sind, indem wir Sex mit möglichst vielen Partnern haben, um dann vor unseren Freunden damit angeben zu können.

Unsere sexuellen Begegnungen entspringen oft schon nicht einmal mehr dem Wunsch nach menschlicher Wärme und Intimität; sie sind für viele Menschen Ausdruck des Wunsches nach Anerkennung geworden und damit nach Stärkung des eigenen Selbstwertgefühls. Sex steht häufig im Dienste des Wunsches, einen anderen zu manipulieren, zu kontrollieren oder gar zu erniedrigen – und das alles nur, damit wir uns besser fühlen und einen flüchtigen Moment lang unsere innere Leere vergessen.

Aber Sex kann uns nur dann wirklich befriedigen und uns die ersehnte Erfüllung bringen, wenn wir nicht versuchen, etwas zu bekommen, sondern etwas geben.

Sex aus einem Mangelzustand heraus ist nichts als das sinnentleerte Reiben zweier frustrierter Körper. Eine Frau, die sich leer fühlt, wird auch durch hundert Männer nicht erfüllt werden. Ein Mann, der sich minderwertig vorkommt, wird auch nach der Eroberung der hundertsten Frau wieder in sein tiefes Loch aus Selbstzweifel und Selbsthaß fallen. Zwei Menschen, die sich wertlos fühlen und hoffen, der andere könne das eigene mangelnde Selbstwertgefühl aufheben, haben einander nichts zu geben. Was bleibt, ist ein Ritual, das ohne innere Beteiligung vollzogen wird und am Morgen danach nur einen schalen Geschmack hinterläßt.

Nur wer aus einem Überfluß an Liebe seinen Körper mit anderen teilt, kann seinen Partner – und sich selbst – beschenken. Im Sex – wie im Leben auch – gilt nämlich das Paradox, daß der am meisten bekommt, der am meisten gibt. Und am allermeisten bekommt der, der etwas von seinem innersten Wesen mit einem anderen Menschen teilt, und nicht der, der am hektischsten umherrennt und am unermüdlichsten tut und macht.

Glücklich

Wir sind dann besonders glücklich,
wenn wir jeden Tag dankbar dafür sind, daß unser Partner sein Leben mit uns teilt, und es ihm zeigen;
wenn wir jeden Tag spüren, was unser Partner braucht, und es ihm schenken;
wenn wir das Glück unseres Partners jeden Tag an die erste Stelle unserer Prioritätenliste setzen;
wenn wir jeden Tag bereit sind, alles von unserem Partner anzunehmen;
wenn wir unserem Partner jeden Tag mit geeigneten Worten für seine vielen kleinen Geschenke danken;
wenn wir unseren Partner jeden Tag bedingungslos von ganzem Herzen und aus tiefster Seele verehren und lieben;
wenn wir unserem Partner jeden Tag durch Blicke, Gesten und Worte zeigen, daß er nichts zu tun braucht, um unsere Liebe zu verdienen.

Es geht beim Sex nicht darum, etwas zu tun, sondern etwas zuzulassen. Es geht ganz sicher nicht um Quantität: wie oft, wie lange, wie laut. Im Gegenteil: Je weniger wir tun und je mehr wir uns hingeben, desto mehr trägt uns die sexuelle Leidenschaft in Welten, die sich unser Verstand niemals vorzustellen vermag.

Die meisten Männer möchten alles unter Kontrolle haben und hassen es, wenn ihr Körper Dinge tut, die ihrem Verstand nicht gefallen. Aber beim Sex geht es ja gerade um das Aufgeben jeglicher Kontrolle, um die Hingabe an etwas Größeres und um die Preisgabe des kleinen Egos (das gilt nicht nur für Männer, sondern auch für Frauen), um Transzendenz.

Genießen Sie einfach die Nähe Ihrer Partnerin; halten Sie sie; seien Sie für sie da; warten Sie ab, was passiert, wenn Sie nicht sofort etwas tun. Lassen Sie sich überraschen. Atmen Sie gemeinsam mit ihr; schauen Sie ihr in die Augen; berühren Sie sie zärtlich an den Händen – stundenlang. Je weniger Sie tun, desto mehr kann geschehen.

Wenn Sie dann etwas tun, achten Sie auf Qualität, nicht auf Quantität. Probieren Sie es doch in dieser Woche einmal aus: Verwöhnen Sie Ihre Partnerin nach Herzenslust, und achten Sie darauf, wie *Sie* sich dabei fühlen – und wie es *Ihnen* hinterher geht.

Kaufen Sie Ihrer Liebsten eine Orchidee; führen Sie sie zum Essen aus; waschen Sie ihr die Füße, wenn sie erschöpft nach Hause kommt, und cremen Sie sie hinterher ein; füttern Sie sie mit exotischen Früchten wie Litschis oder Mangos; lassen Sie ein Schaumbad für sie ein, seifen Sie sie ein, trocknen Sie sie ab; knien Sie vor ihr nieder, und sagen Sie ihr all die Worte, die Sie ihr schon immer sagen wollten, sich aber nie zu sagen getraut haben; streicheln und küssen Sie ihren Körper von Kopf bis Fuß; lieben Sie sie langsam und zärtlich; halten Sie sie im Arm, bis sie einschläft; wecken Sie sie am nächsten Morgen mit einem zärtlichen Kuß und einer sanften Berührung.

Dienen Sie ihr. Zeigen Sie ihr, wie sehr Sie sie lieben und achten. Verehren Sie sie, als ob sie eine Göttin wäre. Stellen Sie Ihre eigenen Wünsche völlig zurück, und versuchen Sie herauszufinden, was *sie* möchte. Lesen Sie ihr jeden Wunsch von den Augen ab.

Und bedenken Sie dieses: Eine Frau genießt es zwar, wenn ihr Mann ihr Geschenke macht, aber am meisten genießt sie es, wenn er sie einfach als Frau wahrnimmt und verehrt. Und da ist ein Wort, ein Blick oder eine kleine Geste der Liebe zur rechten Zeit viel mehr wert als ein Brillantring.

Bedenken Sie, daß ein Mann gelernt hat, seine Identität durch seine Aktivitäten zu bestimmen, und daß er daher immer etwas tun muß und es für ihn schwierig ist, einfach nur mit Ihnen zusammenzusein und seine Gefühle in Worten auszudrücken. Ermutigen Sie ihn, sich zu entspannen und ganz in seinem Körper zu Hause zu sein.

Viele Männer fühlen sich irgendwie unbehaglich, wenn sie einer Frau wirklich nahe sind. Sie wissen, daß es jetzt eigentlich nur noch auf das Sein ankommt und daß jeder Schein als Lüge entlarvt werden wird. Ihre größte Angst ist zugleich ihre größte Sehnsucht. Sie sehnen sich danach, so angenommen zu werden wie sie sind: stark und verletzlich, selbständig und bedürftig.

Das größte Geschenk, das eine Frau ihrem Mann machen kann, besteht darin, zu akzeptieren (und es ihm auch zu zeigen), daß es ihn nicht schwächer macht, wenn er seine Verletzlichkeit zeigt, sondern stärker; daß sie ihn nicht weniger liebt, wenn er nicht immer alles im Griff hat, sondern daß sie ihm dafür dankbar ist, daß er ihr so vertraut und sich ihr so hingeben kann.

Holen Sie Ihren Mann aus dem Irrgarten seines Verstandes in die Wirklichkeit seiner Körperempfindungen und seiner Gefühle. Verwöhnen Sie ihn in dieser Woche auf jede nur erdenkliche Weise. Denken Sie nur an ihn, und beobachten Sie sich dabei selbst. Finden Sie heraus, ob es Sie glücklich macht, wenn er glücklich ist.

Kaufen Sie ihm etwas, das er schon lange haben wollte; empfangen Sie ihn, wie eine Königin ihren heimgekehrten Helden empfängt; gehen Sie mit ihm in die Dusche, und seifen Sie ihn gründlich ein; legen Sie seine Lieblingsmusik auf, und massieren Sie ihn kräftig von Kopf bis Fuß; ziehen Sie Ihre schönste Unterwäsche an; machen Sie ihn mit Ihrem Körper verrückt, und wenn Sie ihn gebeten haben, zu Ihnen zu kommen, nehmen Sie ihn strahlend in sich auf.

Ein Mann sehnt sich nach Einheit und Vereinigung ebensosehr wie eine Frau, hat aber mehr Mühe, es zuzugeben und zu zeigen. Eine Frau, die ihren Mann lächelnd in sich aufnimmt, gibt ihm die Heimat, die er durch sein hektisches Tun in der Welt vergebens sucht.

Denken Sie nur an seine Erfüllung und daran, was ihn glücklich macht. Zeigen Sie ihm auf jede nur erdenkliche Weise, wie sehr Sie ihn lieben und wie dankbar Sie ihm dafür sind, daß er sein Leben mit Ihnen teilt. Verehren Sie ihn so, wie Sie einen Gott verehren würden.

Lassen Sie ihm Zeit; verlangen Sie nichts von ihm; zeigen Sie ihm, daß er Ihnen nichts zu beweisen braucht; lassen Sie ihn spüren, *daß* er gut ist und *wie* gut er ist. Viele Männer sind es leid, immer etwas *tun* zu müssen, aber sie wissen nicht, wie sie einfach *sein* sollen. Gehen Sie ihm mit gutem Beispiel voran.

Liebe bedeutet, einfach zu sein,
mit einem anderen Menschen zu sein,
unabhängig davon, wie dieser ist.
Nicht zu urteilen, nichts zu beabsichtigen,
kein Bedürfnis, daß er deine Liebe spürt,
kein Verlangen, deine Liebe zu beweisen,
kein Eindringen in seine Seele.
Nichts außer einem völligen Annehmen seines Wesens,
das aus dem Annehmen deines eigenen Wesens entsteht.

Peter Russell

Glück ist ein Lebensgefühl

Leider neigen wir meistens dazu, nur kurzfristig zu denken und die langfristigen persönlichen, sozialen und ökologischen Folgen unserer Lebensweise außer acht zu lassen. Glück ist aber keine Sache der augenblicklichen Befriedigung unserer Gelüste, sondern ein Lebensgefühl, mit dem wir morgens aufwachen und abends einschlafen können – und das ein Leben lang.

Meistens ziehen wir kurzfristige Vergnügungen vor, obwohl wir genau wissen, daß sie uns langfristig schaden. Und das alles nur aus der Angst heraus, nicht genug zu bekommen. Die Generation unserer Eltern lebte nach den Schrecken und Entbehrungen des Zweiten Weltkriegs und den Wirren der Nachkriegszeit in der Angst, wieder hungern und frieren zu müssen, und stopfte sich in den fünfziger und sechziger Jahren voll, bis sie satt und bequem wurden – und gierig nach Sicherheit. Konsum wurde zum Lebensinhalt. Wer es sich leisten konnte, der protzte damit, mehr zu haben, als er zum Leben brauchte, und genoß es, mit seinem neuen Wohlstand – und der vermeintlichen Sicherheit, die dieser symbolisieren sollte – anzugeben.

Weil sich heute viele Menschen in einer ständigen Konkurrenz mit anderen sehen, haben sie

Angst, mit leeren Händen dazustehen, wenn sie nicht sofort zugreifen. Sie fürchten das Nachsehen zu haben, wenn andere mehr ergattern als sie, mehr erleben und scheinbar glücklicher sind.

Daß diese anderen auch nicht glücklich sind, sondern dieselben Ängste wie sie haben, wissen sie natürlich nicht, denn in den Massenmedien, vor allem in der bunten Videoclipwelt der Musiksender und der Hektik der Talk-Shows, wird ihnen eine unerbittlich fröhliche und glückliche, schöne neue Welt vorgegaukelt. Kein Wunder, daß so viele Menschen an sich zweifeln, denn verglichen mit den glücklichen, schönen und erfolgreichen Menschen auf dem Bildschirm schneiden die meisten von uns ganz schön schlecht ab.

Wir brauchen uns aber mit niemandem zu vergleichen und werden unser Glück nie darin finden, besser abzuschneiden als andere. Glück ist auch die Erkenntnis, daß jeder von uns einmalig und auf seine Weise schön ist. Wir brauchen andere Menschen nicht als Konkurrenten zu fürchten. Glück liegt auch in der Einsicht, daß genug für alle da ist, wenn wir es miteinander teilen.

Es ist so leicht, glücklich zu sein. Jeder Mensch besitzt die Fähigkeit, Glück zu empfinden. Es ist das, was uns wahrhaft zu Menschen macht.

Oft benutzen wir das Wort «versuchen», um uns von vornherein darauf festzulegen, daß wir es doch nicht schaffen werden – und dann schaffen wir es tatsächlich nicht. Wie wir in den Wald des Unbewußten hineinrufen, so schallt es als unsere Wirklichkeit heraus.

«Ich werde versuchen, rücksichtsvoller zu sein.» «Ich werde versuchen, dir aufmerksamer zuzuhören.» «Ich werde versuchen, mit dem Rauchen aufzuhören.» Sätze wie diese werden heute tausendfach gesagt, aber das angestrebte Ziel wird ebensooft nicht erreicht werden.

Wir sollten uns nichts vornehmen, was wir nicht auch erreichen können. Es ist besser, sich kleinere Ziele zu setzen, als immer gleich das Höchste zu wollen und immer wieder von sich selbst enttäuscht zu werden. Wenn wir etwas erreichen wollen, brauchen wir positive Rückmeldungen – von uns selbst und von anderen.

Wir sollten auch keinen zeitlichen Abstand zwischen uns und unser Ziel schieben. «Ich werde mit dem Trinken aufhören, sobald der Kasten Bier leer ist.» «Ich werde mich mehr um meine Eltern kümmern, wenn erst der Prüfungsstreß vorbei ist.» «Ich werde anfangen, Sport zu treiben, sobald ich die Zeit dafür finde.»

Aufgeschoben ist meistens eben doch aufgehoben. Wir alle schieben Dinge um Stunden, Tage oder Jahre auf und reden immer wieder darüber, tun aber nichts. Wir brauchen aber gar nicht zu versuchen, etwas zu tun, sondern müssen uns selbst lediglich gestatten, das Beste in uns zum Vorschein kommen zu lassen.

In der Zen-Kunst des Bogenschießens heißt es, der Schütze müsse eins mit dem Ziel werden, wenn er es mühelos und sicher treffen wolle. Das gilt auch für alle anderen Ziele: Solange sie als Idealzustand von uns getrennt sind, werden wir sie auch nicht – oder nur sehr schwer – erreichen können. Erst wenn wir und das Ziel eins geworden sind, wenn wir schon dort sind, wohin wir wollen, kommen wir auch an. Dann ist das Ziel nicht etwas, was unerreichbar von uns getrennt ist, sondern etwas, was wir schon immer in uns getragen haben und nur noch nach außen zeigen müssen.

Eins mit dem Ziel zu sein bedeutet auch, daß wir nichts tun müssen, sondern einfach nur zu sein brauchen. Denn das, was zu uns kommen soll, ist in Wirklichkeit schon da. Die guten Menschen, die wir werden möchten, die sind wir schon. Die liebevollen Eltern oder aufmerksamen Partner, die hilfsbereiten Kollegen oder rücksichtsvollen Nachbarn, die sind wir schon. Wir müssen uns nur erlauben, das Gute in uns zu akzeptieren und es zu zeigen. Das ist die größte Hürde. Danach ist es viel leichter, mit dem Rauchen aufzuhören oder mehr Zeit für seine Eltern zu finden.

Theoretisch gibt es eine
vollkommene Glücksmöglichkeit:
an das Unzerstörbare in sich glauben
und nicht zu ihm streben.

Franz Kafka

Name, Alter, Beruf

Eines der Haupthindernisse auf dem Weg zum Glück ist die Wahnvorstellung, eine feste, im großen und ganzen gleichbleibende Persönlichkeit zu sein, die sich zwar den wechselnden Umständen des Lebens anpaßt, aber ansonsten unveränderlich und unbeirrt durch den Strom der Zeit watet.

Ein Kind wird auf die Frage «Wer bist du?» nie antworten: «Ich bin Realschüler» oder «Ich bin ein kleines Kind», sondern eher verständnislos feststellen: «Na, ich bin doch der Peter.»

Auf dieselbe Frage antworten aber die meisten von uns Erwachsenen mit einer Beschreibung, die neben unserem Namen auch unseren Beruf, unsere Hobbys, unsere Adresse und unser Alter enthält. Vielleicht fügen wir noch erklärend hinzu: «Ich bin Deutscher», «Ich bin Katzenliebhaberin», «Ich kann Besserwisser nicht ausstehen» oder «Ich bin ein energischer Mensch». Aber keines dieser Attribute sagt irgend etwas über unser inneres Wesen, über unser eigentliches Ich aus. Wir identifizieren uns mit äußeren Umständen – die ständig wechseln – und beschreiben uns von außen, statt uns von innen her wahrzunehmen.

Wir alle verändern uns im Laufe unseres Lebens ständig; wir durchleben die Rhythmen des Daseins ebenso wie dies Bäume, Berge oder Flüsse tun. Wir wachsen und vergehen wie sie, wir haben einen Anfang und ein Ende wie sie.

Was bleibt, wenn die Katze des Katzenliebhabers stirbt oder wenn der Verlagsleiter in den Ruhestand tritt? Wer ist der Mensch, wenn er sich nicht mehr durch sein Hobby oder seinen Beruf definieren kann?

Ein Mensch ist kein starres Gebilde; ein Mensch ist ein fließendes Etwas; ein Mensch ist Energie, Rhythmus und Bewegung. Ein Mensch ist eher ein Prozeß des Werdens als ein Zustand des Gewordenseins.

Wer bin ich?

Seit ewigen Zeiten versuchen Menschen, den Sinn des Lebens zu ergründen und herauszufinden, wer sie wirklich sind. Sie unterwerfen sich schweren Prüfungen, fasten in der Wüste, leben von der Welt abgeschieden oder geißeln ihren Körper.

Wir bitten Sie hingegen nur, sich heute die Frage aller Fragen zu stellen, die sich auch die spirituellen Sucher aller Zeiten und aller Kulturen gestellt haben: «Wer bin ich?»

Hier ein Hinweis: Sie finden die Antwort nicht, indem Sie logisch über die Frage nachdenken und versuchen, Attribute zu finden, die Sie angemessen beschreiben. Wenn Sie den Namen eines flüchtigen Bekannten vergessen haben, können Sie sich den Kopf zermartern, bis er platzt, aber der Name wird Ihnen trotzdem nicht einfallen. Erst wenn Sie sich entspannen, wenn Sie aufhören, sich zu bemühen, fällt Ihnen wieder ein, wer der andere war, dem Sie gestern auf der Straße begegnet sind. Und so wie Ihnen sein Name entfallen war, so haben Sie auch vergessen, wer *Sie* wirklich sind.

Es scheint paradox, aber die Antwort auf die Frage nach Ihrer eigentlichen Identität und Ihrem innersten Wesen wird erst dann zu Ihnen kommen, wenn sie ernsthaft gestellt wird, ohne daß Sie eine Antwort darauf erwarten.

Immer mehr wird immer weniger

Wir sind selten mit dem zufrieden, was wir haben. Statt dessen wollen wir immer mehr. Manche Menschen hoffen auf mehr Geld, andere sehnen sich nach mehr Prestige oder mehr Macht, einige verzehren sich nach mehr Adrenalin. Was wir sind, das ist uns einfach zuwenig.

Wir sind nie mit dem zufrieden, was wir sind. Statt dessen wollen wir immer besser werden. Der eine möchte gesünder sein, der andere klüger oder umfassender informiert, ein dritter erleuchtet. Denn so wie wir jetzt sind, sind wir uns einfach nicht gut genug.

Wir wollen haben, haben und noch mehr haben. Einfach zu sein, das langt uns nicht. Wir sind Getriebene; wir sind Menschen, die das Wort «Lebensqualität» im Mund führen und im Grunde keine Ahnung haben, wovon wir eigentlich reden. Wir glauben, auf der Suche nach uns selbst zu sein, und laufen doch nur vor uns selbst davon.

Wir können uns selbst erst dann finden, wenn wir aufhören, nach uns zu suchen. Wie die Brille, die uns auf der Nase sitzt, so ist das, wonach wir suchen, unser ganzes Leben lang bei uns gewesen. So wie wir uns nicht entspannen können, indem wir etwas tun, um uns zu entspannen, so können wir auch Glück und inneren Frieden – das heißt ein Leben im ewigen Augenblick – nicht erlangen, indem wir etwas tun. Die Glückselige *tut* nicht, sie *ist*. Der Versuch, glücklich zu werden, führt nur deshalb möglicherweise zum Glückszustand, weil er irgendwann frustriert aufgegeben werden muß. Und erst dann ist ein Leben im Augenblick möglich.

Lebensqualität stellt sich genau in dem Augenblick ein, in dem wir nicht mehr glauben, einen Mangel daran zu haben. Und dann können wir uns herrlich entspannen und das Leben genießen, wie es ist – mit seinen Höhen und Tiefen, mit Erfolgen und Niederlagen, mit Phasen der Aktivität und Phasen der Ruhe. Dann wird uns das Leben zum Spiel, das deshalb so besonders kostbar ist, weil wir es in dieser Form nie wieder spielen können.

Die wahre Lebensweisheit besteht darin,
im Alltäglichen das Wunderbare zu sehen.
Pearl S. Buck

Immer bei uns

Da wir oft glauben, nicht gut genug zu sein, suchen wir nach Menschen, die das erreicht zu haben scheinen, was wir uns erträumen: Erleuchtete, Weise, Meister, Gurus. Ihnen schreiben wir all die Dinge zu, die uns scheinbar fehlen: Glück, Zufriedenheit, Erleuchtung, Weisheit und das Wissen um den Sinn des Lebens, Unsterblichkeit und übersinnliche Fähigkeiten. Und je exotischer sie aussehen, je unverständlicher sie reden und je weiter weg sie sind, desto besser. Denn das Gute liegt zwar so nah, aber wir schätzen es ja gerade deshalb nicht, weil es uns so nahe ist. Wir wollen das Phantastische, das Unglaubliche, das Unvorstellbare. Aber weder das Glück noch die Erleuchtung sind phantastisch, unglaublich oder unvorstellbar. Sie sind immer da und können wahrgenommen werden, wenn wir nur bereit sind, einen Augenblick lang innezuhalten und das Leben zu sehen, wie es ist, statt uns auszumalen, wie es sein könnte.

Wer will sich schon bei der eigenen Frau ausweinen oder dem eigenen Mann vom Mißbrauch in der Kindheit erzählen? Dann müßten wir ja zeigen, welche Schreckgespenster unter unserem Bett lauern, und uns in all unserer Verletzlichkeit offenbaren. Da legen wir uns doch lieber für

Unsummen beim Psychoanalytiker auf die Couch und reden um den heißen Brei herum oder hyperventilieren beim Sexualtherapeuten, bis der Urschrei endlich aus uns herausbricht.

Wer will schon von seinem Vater oder Mann lernen? Wie langweilig! Wer will schon in den Augen seiner Mutter oder Frau bedingungslose Liebe leuchten sehen? Wie öde! So leicht kann es doch gar nicht sein! Da steigen wir doch lieber ins Flugzeug und jetten nach Indien, um dort unseren Übervater oder die kosmische Mutter zu finden.

Daß auch der eigene Vater oder Mann Lebensweisheit besitzt und uns auf unserem Weg helfen kann, scheint unvorstellbar. Der, mit all seinen Macken und Fehlern?

Daß auch die eigene Mutter oder Frau eine menschgewordene Göttin ist, das ist dann doch zu schwer anzunehmen. Die, mit ihren Neurosen und Gewichtsproblemen?

Wenn das alles wahr wäre, dann wären wir wirklich Geliebte der Göttin oder Kinder Gottes und als solche ganz und gar vollkommen. Aber wer vollkommen ist, der braucht sich nicht mehr zu verbessern. Und dann? Dann wäre unser Leben sinnlos geworden. Denn der Lebenssinn des Suchers nach Wahrheit besteht ja ebenso wie der des Suchers nach Reichtum und Erfolg nicht im Finden, sondern im Suchen. Die Wahrheit ist aber ebenso unspektakulär wie unglaubhaft: Es gibt nichts zu finden!

In dem Augenblick, in dem wir erkennen, daß wir das, was wir gesucht haben, immer in uns hatten, wird unser ganzes bisheriges Leben als Sucher sinnlos. Und genau das ist unsere Chance, denn nun können wir aufhören, uns verbessern zu wollen, und erkennen, daß wir immer perfekt waren. Nun brauchen wir nicht mehr zu suchen, sondern können endlich sein. Nun brauchen wir uns nicht mehr zu quälen, sondern können uns endlich entspannen. Nun brauchen wir uns nicht länger selbst davon zu überzeugen, daß wir im Grunde doch einigermaßen liebenswert sind, sondern können uns mit der gleichen Selbstverständlichkeit lieben und annehmen, mit der wir atmen: ohne nachzudenken, ohne etwas zu wollen, ohne Minderwertigkeitsgefühle und ohne Narzißmus.

Dann erkennen wir endlich, daß wir schon immer da waren, wo wir hinwollten. Wir wollten nach Hause und hatten es doch niemals verlassen.

Auf einmal war es ihm klar,
daß die Suche der einzige Grund
des bisherigen Nichtfindens gewesen war;
daß man da draußen in der Welt nicht finden
und daher nie haben kann,
was man immer schon ist.

Paul Watzlawick

Glücklich

Wir sind dann ganz besonders glücklich, wenn wir uns jeden Tag daran erinnern,
daß sich alle Menschen nach Glück sehnen und Leiden vermeiden möchten,
daß wir alle im Herzen gleich sind, auch wenn sich unser Äußeres noch so sehr unterscheiden mag,
daß wir alle lieben und geliebt werden möchten,
daß wir uns alle nach Anerkennung und Lob sehnen,
daß wir alle Kinder Gottes sind und somit nach seinem Vorbild erschaffen,
daß wir alle vollkommen sind,
daß wir nichts zu tun brauchen, um unsere Existenz auf diesem Planeten zu rechtfertigen.

Gütig und liebevoll

«Du brauchst keine Götter haben neben mir», hatte das Herz einst geflüstert und war prompt als Befehl eines alten Mannes mit weißem Bart mißverstanden worden.

Wie wir uns Gott vorstellen, entscheidet darüber, wie wir unser Leben führen. Ist Gott für uns eine strenge, eifersüchtige und strafende Vaterfigur, werden wir unser Leben in der Angst zubringen, etwas falsch zu machen und am Ende dafür bestraft zu werden. Dieser Vorstellung zufolge ist Gott so etwas wie ein kosmischer Buchhalter, der seine Tage über ein großes Buch gebeugt verbringt, in dem er die Sünden der Menschen aufzeichnet, und der Abschiebebefehle und Todesurteile unterzeichnet und vollstrecken läßt. Da die größte Sünde der Müßiggang ist, bestraft dieser Gott die Faulen und nimmt am Ende die Arbeitsamen, die keine Sekunde gerastet haben, zu sich, weil er Arbeiter braucht, die die riesige Maschine, die das Universum ist, in Gang halten.

Wir können uns Gott aber auch als gütige, liebevolle und nachsichtige Mutterfigur vorstellen. Weil wir wissen, daß eine Mutter alle ihre Kinder bedingungslos liebt, brauchen wir auch keine Angst zu haben, etwas falsch zu machen und dafür bestraft zu werden. Dieser Vorstellung zufolge ist Gott eine kosmische Hebamme, die alle Menschen in die Welt bringt und sie nährt und der es gleich ist, ob wir nach Leibeskräften strampeln und uns abmühen oder ob wir nur still daliegen und staunen. Dieser Gott liebt alle seine Kinder und nimmt am Ende alle wieder zu sich, weil der riesige Organismus, der das Universum ist, nicht komplett wäre, wenn auch nur eines seiner Einzelwesen fehlen würde.

Gott ist natürlich weder das eine noch das andere, sondern nur ein Wort, ein Begriff, mit dem wir die höchste Realität umschreiben, die für menschliche Hirne aber so lange unvorstellbar und mysteriös bleibt, wie sie nicht direkt erfahren wird. Aber wie wir uns «ihn» vorstellen, das wird zur Realität unseres Lebens.

Wir suchen ständig nach Gott, auch wenn sich viele Menschen dessen überhaupt nicht bewußt sind. Aber wir alle sehnen uns danach, zu etwas Größerem zu gehören und an den Ort zu gelangen, an dem alles Streben und Suchen aufhört.

Aber wir suchen immer im Außen nach Gott. Und an dem einen Ort, an dem er wirklich zu Hause ist, an dem er immer war und immer sein wird, da suchen nur die wenigsten von uns: in unserem eigenen Herzen. Seit wir glauben, unser Glück im Außen zu finden, haben wir es nie wiedergesehen, und suchen und suchen und suchen – und werden doch nie fündig werden.

Das höchste Ideal

Es heißt oft, wir lebten in einer gottlosen Zeit, aber das ist nicht wahr, wenn wir Gott als unser höchstes Ideal definieren. Es ist vielmehr so, daß wir eine Vielzahl von Göttern haben, von denen einige religiöse Namen haben und andere weltliche.

Geld ist der Gott der meisten Menschen. Ihm opfern wir täglich unser Leben, und für ihn tun wir alles: In seinem Namen lügen, betrügen, stehlen und töten wir. Und wir tun dies alles im Glauben, daß dieser Gott unseren Gehorsam dadurch belohnen wird, daß er uns glücklich macht. Aber Geld kann niemanden glücklich machen; es beruhigt nicht einmal. Im Gegenteil: Geld ist ein Tyrann, der unerbittlich die beherrscht, die ihm huldigen.

Es geht uns an dieser Stelle gar nicht darum, das Geld zu verteufeln. Wir brauchen es in der bestehenden Gesellschaft, um zu überleben, da es das allgemein anerkannte Tauschmittel ist. Wir wenden uns hier nicht gegen diese Form des Austauschs, sondern wollen lediglich beschreiben, daß Geld und Glück in keinem ursächlichen Zusammenhang stehen.

Geld macht nicht glücklich, aber es macht auch nicht unglücklich. Die Sucht, immer mehr Geld haben zu müssen, um sich sicher und unabhängig zu fühlen, ist allerdings eine Garantie für immerwährendes Unglück und ähnelt jeder anderen Sucht. Geld wird dann zu einer Droge, die uns dazu verführt, immer mehr Dinge zu tun, die wir eigentlich gar nicht tun wollen.

Wer würde freiwillig um sechs Uhr morgens aufstehen und zu einer Arbeit gehen, die ihm keine Freude macht? Wer würde freiwillig darauf verzichten, mit seinen Kindern zu spielen, wenn ihn nicht der zwanghafte Erwerb von Geld dazu bringen würde, einen sonnigen Tag in einem von Neonröhren erleuchteten Raum vor einem strahlenden Computerbildschirm zu verbringen? Wer von Ihnen würde nicht lieber lange im Bett bleiben, mit einem geliebten Menschen kuscheln, ausgiebig und lange frühstücken und danach im Park spazierengehen? Was hält Sie davon ab? Der Zwang (oder die Sucht), Geld verdienen zu müssen!

Aber wieviel Geld brauchen wir eigentlich zum Leben? Wie lange müssen wir wirklich arbeiten, um dieses Geld zu beschaffen? Ist ein Mehr an Geld ein Weniger an Lebensfreude wert? Ist Geld tatsächlich so wichtig? Was gibt uns der Gott Mammon dafür, daß wir ihm unser Leben opfern? Brauchen wir eigentlich all das, was wir uns mit Geld kaufen können?

Die wichtigen Dinge des Lebens können wir

mit Geld ohnehin nicht erwerben. Freundschaft, Liebe, Solidarität, menschliche Wärme, Zuneigung, Mitgefühl, Anerkennung, Gesundheit, Schönheit und Intelligenz sind immer noch Geschenke des Lebens und keine Sonderangebote im kosmischen Supermarkt.

Der Herr ist mein Hirte,
mir wird nichts mangeln.
Er weidet mich auf einer grünen Aue
und führet mich zu frischem Wasser.
Psalm 23

Was wir teilen, wird mehr

Wahres Glück entsteht nicht aus der zwanghaften Beschäftigung mit sich selbst, sondern aus der liebevollen Hinwendung zum Mitmenschen. Die Liebe, die wir für uns behalten, verwelkt wie eine Pflanze, die nicht gegossen wird. Die Liebe, die wir anderen schenken, bringt unser eigenes Herz zum Singen und kehrt tausendfach zu uns zurück.

Wer aber andere nur mit der Absicht liebt und

ihnen in der Hoffnung Gutes tut, diese mögen ihn lieben und ihm Gutes tun, wird an seinen eigenen – meistens unausgesprochenen und oft genug auch uneingestandenen – Hoffnungen ersticken. Die gute Tat ist ihre eigene Belohnung und wird nicht im Himmel belohnt werden, sondern in dem Augenblick, in dem sie getan wird. Jetzt tue ich Gutes, jetzt fühle ich mich gut. Jetzt tue ich Böses, jetzt fühle ich mich schlecht.

Kein Gott – nur wir selbst – wird uns für unsere guten Taten belohnen. Das ist die gute Nachricht. Und die schlechte ist, daß kein Gott – sondern nur wir selbst – uns für unsere bösen Taten bestrafen wird. Wir selbst haben es immer in der Hand zu entscheiden, ob unser Leben der Himmel oder die Hölle ist.

Das ist für viele Menschen nur schwer zu akzeptieren, da sie sich als Opfer der Umstände fühlen und wahlweise anderen Menschen, denen «da oben», den Umständen, den Zeiten oder Gott die Schuld an ihren Depressionen, ihren Krankheiten oder ihrer mangelnden Lebensfreude geben. Wir können die äußeren Umstände unseres Lebens nicht kontrollieren, da Wirklichkeit von allen an ihr Beteiligten gemacht wird. Aber wir können uns immer entscheiden, wie wir auf diese Umstände reagieren, ob wir uns von ihnen das Leben vermiesen lassen oder ob wir das Leben dennoch genießen. Die größte Weisheit besteht eben darin, das anzunehmen, was wir nicht ändern können, die Dinge zu ändern, die wir ändern können, und zu lernen, das eine vom anderen zu unterscheiden.

Selbstliebe entsteht nicht durch Affirmationen wie «ich liebe mich», selbst wenn diese stundenlang vor dem Spiegel wiederholt werden, sondern dadurch, daß wir anderen etwas geben und uns selbst dadurch als liebesfähig und liebenswert empfinden. Wenn wir unseren Wert in den Augen anderer Menschen widergespiegelt sehen, können wir nicht länger umhin anzuerkennen, daß wir wertvoll sind.

Der liebende Mensch teilt seine Liebe mit anderen so automatisch, wie er die Luft ausatmet, die später von anderen Menschen eingeatmet wird. Lieben heißt nicht *tun*, sondern *sein*; Liebe ist keine Aktivität, sondern ein Zustand. Wenn Sie aber nicht wahrnehmen können, daß Sie ständig von Liebe umgeben sind und daß Liebe die Nahrung ist, ohne die keiner von uns auch nur eine Sekunde lang leben könnte, richten Sie den Fokus Ihrer Liebe auf einen anderen Menschen. Dieser (oder ein anderer) wird Ihnen dann die Liebe widerspiegeln, in der wir alle leben.

Freiheit wird nicht auf Wochenendseminaren oder auf dem Meditationskissen erlangt, sondern in der aktiven Teilnahme am Leben «dort draußen». Es ist leicht, sich vom Alltag zurückzuziehen und in der Abgeschiedenheit der Berge oder dem geregelten Tagesablauf eines Klosters «heilig» oder «erleuchtet» zu sein. Und für viele von uns ist es die einzige Möglichkeit, einen Hauch von Freiheit und innerem Frieden zu spüren.

Es ist schon viel schwerer, seine Ideale im täglichen Leben auszudrücken. Aber darauf kommt es letzten Endes an, und nur dort hat es Sinn. Wem nützt es, wenn wir jahrelang gegen eine Wand oder auf die Steine eines Zen-Gartens starren, bis es in unserem Kopf ganz ruhig geworden ist? Wenn es uns gelingt, angesichts schreiender Kinder oder wütender Chefs die Ruhe zu bewahren und sie auf die anderen zu übertragen, dann haben wir etwas dazu beigetragen, daß es auf diesem Planeten schöner und friedlicher wird.

Wer etwas zu geben hat, erkennt seinen Selbstwert; wer andere hingebungsvoll liebt, kann nicht umhin, auch sich selbst, den Spender dieser Liebe, zu lieben; wer Mitgefühl mit anderen Wesen – seien es Menschen, Tiere oder Pflanzen – empfindet, dem ist es unmöglich, sich von diesem Mitgefühl auszunehmen. Wer andere vollkommen akzeptiert, für den ist es selbstverständlich, auch sich selbst zu akzeptieren.

Wenn Sie sich selbst respektieren und lieben möchten, respektieren und lieben Sie andere Menschen. Verschenken Sie Ihre Liebe, verschenken Sie sich selbst. Bedanken Sie sich beim Universum für das kostbarste aller Geschenke – Ihr eigenes

Leben –, indem Sie es mit anderen teilen. Tragen Sie dazu bei, daß es im Augenblick Ihres Todes etwas mehr Licht auf der Welt gibt, als im Augenblick Ihrer Geburt vorhanden war. Dann war Ihr Leben es wert, gelebt zu werden.

Jene Weisen, die erkennen, daß das Bewußtsein,
das in ihnen wohnt, dasselbe Bewußtsein ist,
das allen bewußten Wesen innewohnt,
erlangen ewigen Frieden.

aus: Katha Upanischad

Ein Mensch, der nicht mehr tut, sondern ist, zeichnet sich nicht dadurch aus, daß er den ganzen Tag faul herumliegt und blöde vor sich hin starrt. Er handelt, aber er ist seinen Handlungen nicht mehr verhaftet; er tut, aber er definiert sich nicht mehr durch sein Tun.

Sein Tun ist zum Sein geworden, weil er jede seiner Handlungen mit äußerster Bewußtheit und Achtsamkeit ausführt. Wenn er geht, tut er nur das; wenn er ißt, tut er nur das; wenn er sich über etwas aufregt, tut er nur das.

Aber wie unterscheidet sich das vom Verhalten der meisten Menschen? Einerseits stellen wir unsere Identität durch unsere Handlungen her, andererseits sind die meisten von uns paradoxerweise an dem, was sie gerade tun, nie wirklich ganz beteiligt und gehen nie völlig in ihren Handlungen auf. Sind Sie sich beispielsweise bewußt, daß Sie atmen? Dabei könnten Sie keine zwei Minuten leben, ohne es zu tun.

Setzen Sie bewußt einen Fuß vor den anderen, oder denken Sie an alles mögliche, während Sie gehen? Spüren Sie den Boden unter den Füßen, oder denken Sie an das, was Sie am Ziel erwartet oder an das, was Sie hinter sich lassen? Gehen ist den meisten Menschen lediglich Mittel zum

Zweck und bereitet uns daher auch kein besonderes Vergnügen. Im Gegenteil: Je schneller wir am Ziel ankommen, desto besser. Da wir ankommen wollen, aber nie unterwegs sein möchten, hassen wir den Schulweg oder den Weg zur Arbeit. Deshalb platzt uns der Kragen, wenn wir im Stau stehen, und deshalb flippen wir gleich aus, wenn unser Zug ein paar Minuten Verspätung hat. Leben wir denn nicht, wenn wir unterwegs sind?

Wir trennen immer wieder einen großen Teil des Alltags von unserem (eigentlichen) Leben ab. Wir freuen uns zwar auf das, was uns am Ziel erwartet (oder fürchten uns davor), aber wenn wir dann dort angekommen sind, denken wir schon wieder an etwas anderes. Da unsere Gedanken unserem Körper immer ein paar Schritte voraus sind, leben wir nie in der Gegenwart und verpassen somit die einzige Wirklichkeit, die es gibt.

Wenn wir einfach nur noch handeln, ohne uns Gedanken darüber zu machen, was andere von uns denken, was wir später tun werden oder was gestern war, dann ist unser Tun zum Sein geworden, und wir leben in der Gegenwart, die in Wirklichkeit die Ewigkeit ist. Die Ewigkeit kommt nicht später, wenn wir tot sind, sie ist immer hier, und wenn wir Augen hätten, um zu sehen, würden wir erkennen, daß wir mitten in ihrem strahlenden Glanz leben.

Wenn wir aufmerksam und absichtslos handeln, verschwinden die Grenzen zwischen dem, was getan wird, und demjenigen, der es tut. Wir sind dann keine starren Persönlichkeiten mehr, die handeln, wir sind dann unsere Handlungen selbst, die sich von Sekunde zu Sekunde ändern.

Jeder von uns kennt diesen wunderbaren Zustand, in dem wir ganz in einer Handlung aufgehen. Kleine Kinder verbringen den größten Teil ihrer Zeit in ihm. Für sie existiert nichts außer der Sandkiste und der Schaufel. Sie vergessen sich selbst und werden eins mit dem, was sie tun.

Aber auch als Erwachsene haben wir teil an diesen Glücksmomenten. Für manche Menschen stellt sich dieses unbeschreibliche Gefühl ein, wenn sie Mozart hören oder wenn sie ganz in ihre Briefmarkensammlung versunken sind. Andere erfahren die Ewigkeit in einem langen Kuß oder in der Berührung durch einen geliebten Menschen. Einige erleben sie in der Natur, wenn sie einen Sonnenuntergang über dem Meer beobachten und erst merken, daß eine Stunde vergangen ist, weil ihr kalt und steif gewordener Körper protestiert. Viele Menschen vergessen ihre Sorgen, ihre Ängste, ihre Vergangenheit und ihre Zukunft, wenn sie schwer krank sind und sich ein tiefer Friede über sie breitet. Und im Augenblick des Sterbens sind die meisten Menschen endlich bereit, sich ganz dem Unbekannten hinzugeben, und haben zu Frieden mit sich selbst gefunden.

Eine Insel der Stille

Nun brauchen wir aber glücklicherweise nicht gleich zu sterben, um Augenblicke tiefen Friedens zu erfahren. Es gibt eine Methode, mit deren Hilfe wir diese unbeschreiblichen Glücksmomente bewußt herbeiführen können. Diese Methode heißt Meditation und ist keine exotische oder esoterische Geheimlehre, die nur Eingeweihten zugänglich wäre, die ihr ihr ganzes Leben widmen und dafür alle weltlichen Aktivitäten aufgeben.

Meditation hat nichts mit Religion zu tun, obwohl viele Menschen in der Meditation Zustände erfahren, die normalerweise dem religiösen Bereich zugeordnet werden. Es geht aber in der Meditation nicht darum, Gott zu erfahren, Lichtgestalten und spektakuläre Farben zu sehen oder kosmische Klänge zu hören, sondern sich selbst zu beobachten und sein eigenes Wesen zu erfahren. Meditation ist mit dem Aufenthalt auf einer von tosenden Wellen umgebenen wunderschönen Insel zu vergleichen, auf der mitten im Toben des Sturmes absolute Stille und tiefer Frieden herrschen.

Es geht in der Meditation auch nicht darum, etwas zu tun, sondern darum, einfach zu sein. Wenn alles Tun, alles Wollen, alles Denken aufhört und wir einfach nur noch sind, sind wir in einem Zustand, den wir als Meditation bezeichnen können.

Je einfacher eine Meditationsmethode ist, desto wirksamer ist sie auch. Da Meditation an keine feste Form gebunden ist, kann das ganze Leben zur Meditation werden. Wer wahrhaft meditiert, wendet sich nicht von der Welt ab, sondern nimmt zum ersten Mal wirklich an ihr teil. Wer das Wesen der Meditation verstanden hat und sich selbst als ständig wandelnden Fluß kosmischer Energien begreift, der erlebt sein Leben nicht mehr von außen quasi als passiver Zuschauer, sondern von innen her als aktiver Gestalter.

Die Ewigkeit ist jetzt,
und ich bin in ihrer Mitte.
Im Sonnenschein umgibt sie mich;
ich bin in ihr wie ein Schmetterling
in der lichterfüllten Luft.
Nichts muß werden, alles ist jetzt.
Jetzt ist Ewigkeit,
jetzt ist unsterbliches Leben.

Richard Jeffries

Meditation

Wir möchten an dieser Stelle eine ganz einfache Meditationsmethode mit Ihnen teilen, die von jedem von Ihnen ohne Vorkenntnisse ausgeführt werden kann.

Suchen Sie sich einen ruhigen Platz in Ihrer Wohnung oder in der Natur, und sorgen Sie dafür, daß Sie in den nächsten zwanzig Minuten nicht gestört werden.

Setzen Sie sich bequem und mit geradem Rükken hin. Wenn es Ihnen angenehm ist, können Sie sich mit gekreuzten Beinen auf den Boden setzen. Dabei sollten Sie so auf einem Kissen sitzen, daß beide Knie auf dem Boden ruhen. Der Sinn dieser traditionellen Meditationshaltung besteht darin, daß sich in dieser Haltung die Wirbelsäule ohne Anstrengung von selbst aufrichtet und Sie entspannt sitzen können, ohne einzuschlafen. Legen Sie die Hände locker in Ihren Schoß.

Diese Haltung ist keine Bedingung für Meditation, sondern lediglich eine aus bestimmten kulturellen Verhältnissen überlieferte Tradition. Sie können ebensogut mit geradem Rücken auf einem Stuhl sitzen, ohne sich anzulehnen. Dabei sollten die Füße flach auf dem Boden ruhen und die Hände entspannt so auf den Oberschenkeln liegen, daß sie sich an den Fingerspitzen leicht berühren. Wenn Ihnen auch diese Haltung nicht möglich ist, legen Sie sich einfach mit einem kleinen Kissen unter dem Kopf flach auf den Boden. Falten Sie die Hände über dem Bauch.

Nun zählen Sie bitte Ihre Atemzüge von eins bis zehn und beginnen dann von neuem. Einatmen – eins, ausatmen – zwei, einatmen – drei und so fort. Konzentrieren Sie sich fünf Minuten lang ausschließlich auf das Zählen Ihrer Atemzüge. Wenn Sie den Faden verlieren, fangen Sie immer wieder geduldig bei eins an. Wenn Sie über zehn hinaus gezählt haben, kehren Sie zur Eins zurück.

Gehen Sie liebevoll mit sich um. Verurteilen Sie sich nicht, wenn es Ihnen nicht auf Anhieb gelingt, sich auch nur eine Minute lang auf das Zählen Ihrer Atemzüge zu konzentrieren. Atmen Sie einfach weiter, und zählen Sie einfach weiter.

Nach einem Monat können Sie bis zu zwanzig Minuten täglich meditieren, aber niemals länger, als es Ihnen angenehm ist, denn Meditation sollte keine Selbstkasteiung sein, sondern Freude machen. Auch hier ist weniger mehr. Es nützt Ihnen nichts, wenn Sie mit schmerzendem Rücken und zusammengebissenen Zähnen sitzen. Die Erfahrung der inneren Stille kann nicht erzwungen, sondern nur erbeten werden. Meditation ist nicht Abwenden von der Welt durch Askese und Leiden, sondern Hinwendung zu ihrem innersten Kern durch freudiges Teilhaben.

Die goldene Mitte

Eine der Ursachen unserer heutigen Hektik, die uns wie Goldhamster im Laufrad herumrennen läßt, ist die, daß wir der unsinnigen (und unlogischen) Vorstellung aufgesessen sind, daß doppelt so viel auch doppelt so gut sein müßte.

Jedem von uns ist theoretisch einsichtig, daß die Menge einer Arznei oder eines Nahrungsmittels darüber entscheidet, ob seine Wirkung gesundheitsfördernd und wohltuend ist oder ob wir davon noch kränker werden oder uns übergeben müssen.

Kaum jemand kommt auf die Idee, die zehnfache Menge eines Medikamentes gegen Herzrhythmusstörungen zu schlucken, um so das Problem ein für allemal aus der Welt zu schaffen. Erstaunlicherweise herrscht aber bei Vitaminen, Spurenelementen und Mineralien der Mythos vor, daß mehr auch besser sei. Wenn eine Gabe von 200 Milligramm Vitamin C täglich den Körper gesund erhält, müßten doch eigentlich 10 Gramm noch besser sein, oder?

Dummerweise gibt es aber ein kosmisches Gesetz, dem zufolge Quantität ab einer gewissen Menge in Qualität umschlägt. Das bedeutet: Mehr ist nicht besser, sondern lediglich anders. Und manchmal erreichen wir mit der besten Absicht sogar das Gegenteil von dem, was wir vorhaben. Das, was in kleinen Mengen wohltuend wirkt, kann in großen Mengen tödlich sein.

Wir alle fühlen uns wohler, wenn wir täglich eine gewisse Zeit in der Sonne zubringen; bleiben wir länger, bekommen wir aber einen Sonnenbrand; bleiben wir zu lange, sterben wir an Hitzschlag. Wann die Grenze erreicht ist, ab der etwas Gutes zu etwas Schlechtem wird, muß jeder Mensch für sich selbst herausfinden, da wir alle unterschiedliche genetische Veranlagungen und individuelle Bedürfnisse haben.

Sport in Maßen ist gesund und zur Erhaltung der Gesundheit unbedingt erforderlich, aber Leistungssport im Übermaß und aus krankhaftem Ehrgeiz (der nichts weiter ist als die Angst, nicht gut genug zu sein) betrieben, ist gesundheitsschädlich. Der Körper möchte sich regelmäßig bewegen; er möchte auch seine Grenzen erfahren, aber er möchte nicht dorthin gepeitscht werden.

Eine Frau, die etwas Rouge auflegt, kann die Aufmerksamkeit auf ihre hohen Wangenknochen lenken und so ihre Schönheit betonen, aber eine Frau, die sich mit Rot vollkleistert, sieht aus wie ein Clown und wird dementsprechend behandelt werden. Ein Mann, der seinen Körper durch Krafttraining aufbaut und dessen Muskeln in einem funktionalen, ausgewogenen Verhältnis zueinander stehen, bietet einen ästhetischen Anblick und wird von Frauen gerne angeschaut, aber ein Mann, der sich aufgepumpt hat wie ein Ballon und der vor Kraft kaum noch gehen kann, schreckt nur diejenigen Frauen nicht ab, die mit ihm wegen seiner so offen zur Schau gestellten Minderwertigkeitskomplexe Mitleid empfinden.

Weniger ist tatsächlich mehr. Ausgewogenheit führt eher zur dauerhaften Ekstase, als es Extreme je könnten. Kleine Schritte führen auch zum Ziel – und das sicherer als Riesensprünge.

Nichts

Tun Sie doch bitte einmal fünf Minuten lang nichts.

Ist es Ihnen gelungen? Dann herzlichen Glückwunsch!

Und wenn nicht? Dann tun Sie es morgen eben noch einmal. Und übermorgen auch.

Wenn es Ihnen dann immer noch nicht gelungen ist, hören Sie einfach auf, nichts tun zu wollen, und lassen Sie sich überraschen, was dann passiert.

Je weniger wir besitzen, desto mehr haben wir

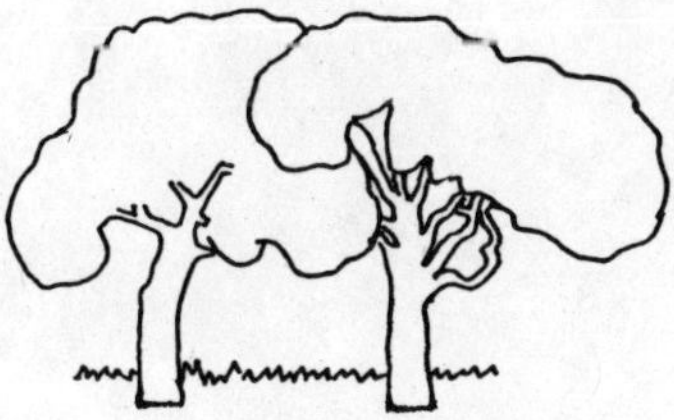

Alles Unbekannte macht uns so lange Angst, bis wir es mit etwas Bekanntem verglichen, ihm eine Schublade in unserem Kopf zugeteilt und diese ordentlich beschriftet haben. Allem, was außerhalb unserer selbst liegt, begegnen wir zunächst einmal mit Mißtrauen, bis wir von seiner Harmlosigkeit oder seiner Vertrautheit überzeugt sind. Das liegt nicht etwa daran, daß wir schlechte Menschen sind, sondern hat seinen Grund einfach darin, daß diese Reaktionen von einem Teil des Gehirns gesteuert werden, den wir schon hatten, als wir noch gar keine Menschen waren – dem sogenannten Stammhirn.

Weil wir Angst vor dem Unbekannten haben, versuchen wir uns mit Sachen zu umgeben, die uns die Illusion von Vertrautheit – und damit von Sicherheit – vermitteln. Weil wir allem, was nicht zu uns gehört, mißtrauisch gegenüberstehen, versuchen wir uns so viele Dinge wie möglich zu eigen zu machen.

Besitz soll uns neben einem höheren Lebensstandard (was ist das eigentlich?) auch Sicherheit geben. Denn im Grunde fühlen wir uns verloren in der Welt und haben Angst, im großen Meer des Lebens unterzugehen, wenn wir nicht ständig wie verrückt an unserer Arche basteln.

Aber nichts auf der Welt kann uns Sicherheit geben, weil nichts auf der Welt sicher ist. Das Leben ist die unsicherste Angelegenheit, die es gibt. Jetzt ist es da – und im nächsten Augenblick schon nicht mehr. Das Leben ist so zart wie der erste Hauch des neuen Morgens und so zerbrechlich wie die Flügel eines Schmetterlings. Wenn wir uns das einfach eingestehen würden, könnten wir diese Tatsache ebenso genießen, wie wir uns an einem Sonnenaufgang oder den Farben eines Schmetterlings erfreuen.

«Dies ist mein Stück Land; dies ist mein Haus», sagen wir und glauben es, da wir ein Stück Papier unterschrieben haben, auf dem es so steht. Die Bewohner der großen Insel von Hawaii, auf der Vulkanausbrüche zum täglichen Rhythmus des Lebens gehören wie bei uns der Feierabendverkehr, sehen das anders. Sie glauben, daß das Land nicht ihnen, sondern der Vulkangöttin Pele gehört, die es durch ihre Ausbrüche überhaupt erst geschaffen hat und es jederzeit zurückfordern kann – was sie mit schöner Regelmäßigkeit auch tut. Dennoch leben an den Hängen der Vulkane weiterhin Menschen, bauen sich Häuser und genießen ihr Leben. Sie haben die Unsicherheiten der Existenz mit all ihren Konsequenzen akzeptiert und lassen sich *heute* den Spaß nicht verderben, nur weil *morgen* möglicherweise schon alles ganz anders sein kann.

Sie finden ihr Glück nicht in der Illusion der Sicherheit, sondern in der Gewißheit des Wandels.

Was gehört uns wirklich?

Was gehört uns wirklich?

Wenn es uns gelingt zu akzeptieren, daß uns aller äußerer Besitz genommen werden kann, dann flüchten wir uns gleich in die Hoffnung, daß uns doch zumindest alles das gehören möge, was sich innerhalb der Begrenzungen unserer Haut abspielt – also Gedanken, Gefühle und der Körper selbst. Oder gehören uns etwa selbst die nicht?

Wer längere Zeit meditiert, fängt an zu beobachten, wie in seinem Kopf aus absoluter Stille Gedanken entstehen und wie diese in einem Raum endloser Weite gleichsam wie Luftblasen im Meer aufsteigen. Schaltet sich der Meditierende nicht aktiv in den Denkprozeß ein, platzen sie, bevor sie die Meeresoberfläche erreichen und an sein normales Bewußtsein dringen. Wessen Gedanken sind dies? Woher kommen sie?

Was für Gedanken gilt, trifft auch auf die Gefühle zu. Der Meditierende nimmt wahr, wie sich diese in seinem Herzen zart wie Blütenblätter öffnen und nur dann voll erblühen, wenn er aktiv am Prozeß des Fühlens teilnimmt. Werden die Gefühle aber nicht gefühlt, so blühen sie nur ganz kurz auf und schließen sich sofort wieder. Wem gehören diese Gefühle? Wie entstehen sie?

Gedanken und Gefühle sind unfaßbare, flüchtige Dinge, die nicht die Festigkeit des Körpers besitzen, mit dem wir uns identifizieren und mit dem wir unser Selbst gleichsetzen. Aber welchen Körper meinen wir eigentlich? Geht es um den Körper, in dem wir uns so wohl fühlten, als wir Babys waren, oder um den, der uns so kantig und fremd schien, als wir in die Pubertät kamen? Meinen wir den Körper, den wir als Erwachsene haben, oder den, in dem wir als alte Menschen leben werden?

Der Körper ist nichts Starres, das immer gleichbleibt, sondern etwas Fließendes, das sich ständig wandelt – auch wenn es nach außen hin noch so fest erscheinen mag. Die Zellen des Körpers erneuern sich ständig, einem perfekten Bauplan folgend. Immer wieder sind wir neue Menschen. Und ob wir es wollen oder nicht: Eines Tages wird dieser Körper, der unsere ganze Welt ist und der immer da war, so lange wir uns erinnern können, uns genommen werden und sterben.

Nicht einmal der Körper – das, mit dem wir uns

am meisten identifizieren – gehört uns; auch er wurde uns nur auf begrenzte Zeit geliehen. Aber was für ein schönes und kostbares Geschenk er doch ist, und was für unbeschreibliche Wunder wir durch ihn und mit ihm erleben dürfen!

Der Körper ist nicht unser ewiges Eigentum, und auch unsere Gedanken und Gefühle, unsere Kinder und Partner, andere Menschen und Tiere, Dinge, Häuser und das Land sind es nicht. Alle Besitztümer sind Geschenke des Universums; Dinge, mit denen wir eine Zeitlang spielen dürfen und die wir loslassen müssen, wenn die Zeit gekommen ist. Besitz bereichert uns nur dann, wenn wir bereit sind, ihn auch wieder aufzugeben. Sonst wird er zur Fessel, die uns daran hindert, das Leben in vollen Zügen zu genießen.

Je mehr wir unseren Besitz mit anderen teilen, desto mehr Freude werden wir daran haben. Je mehr wir andere Menschen an den Geschenken des Universums teilhaben lassen, desto mehr werden über uns alle ausgeschüttet werden.

Besitz ist Verpflichtung

Nicht nur hinsichtlich unserer Aktivitäten in der Welt, sondern auch in bezug auf das, was wir unser Eigentum nennen, sind wir auf den Mythos «Doppelt so viel ist doppelt so gut» hereingefallen. Dieser Mythos besagt folgendes: Wenn es gut ist, *ein* Auto zu haben, muß es zwangsläufig besser sein, *zwei* Autos zu besitzen; wenn es gut ist, zehn Compact Discs zu haben, muß es einfach besser sein, sich zwanzig zu kaufen; wenn es gut ist, in einer Zweizimmerwohnung zu wohnen, muß eine Vierzimmerwohnung wohl noch viel besser sein. Oder auf Menschen bezogen: Wenn mich eine Freundin glücklich macht (oder ein Freund), muß es doch der Himmel auf Erden sein, zwei zu haben.

Aber diesem Mythos liegen zwei grundlegende Denkfehler zugrunde, denn erstens macht Eigentum nicht glücklich, und zweitens bringt jeder Besitz bestimmte Verpflichtungen mit sich. Das ist für uns schwer zu verstehen – selbst wenn wir die Wahrheit dieses Satzes am eigenen Leib erfahren –, da Eigentum für uns etwas ist, das uns Rechte sichert, uns aber keine Pflichten auferlegt. Daher lautet unsere offizielle Definition von Eigentum folgendermaßen: «Eigentum ist das umfassende Besitz-, Verfügungs- und Nutzungsrecht über Gebäude, Grund und Boden und sonstige Habe, über die der Eigentümer innerhalb der Grenzen der Rechtsordnung nach freiem Belieben bestimmen kann.» Mit anderen Worten: Eigentum ist das, was mir gehört und mit dem ich machen kann, was immer ich will!

Diesen Satz wenden wir auf Grund und Boden an, aber auch auf Häuser und andere Dinge ebenso wie auf Tiere und Menschen. Dieser Definition zufolge kann ich «mein» Land ausbeuten, «meine» Häuser verkommen lassen, «mein» Auto so schnell fahren, wie ich will, «meinen» Hund schlagen, wann immer es mir paßt, und mich von «meiner» Frau von hinten und vorne bedienen lassen und sie in die Ecke stellen und ignorieren, wenn ich sie nicht mehr brauche.

Die traditionelle und heute wieder aktuelle ökologische Definition von Eigentum lautet hingegen so: «Eigentum ist ein Gut, das mir zur Aufbewahrung übergeben wurde, damit ich es hüte, beschütze und pflege.» Diese Auffassung galt jahrtausendelang und gilt auch heute noch bei vielen Naturvölkern. Es ist klar, daß die zweite Definition eine völlig andere Sicht der Welt voraussetzt und ein vollkommen anderes Verhalten erfordert als die erste, die seit ein paar hundert Jahren das vorherrschende Kredo unserer Gesellschaft ist.

Aber nur weil fast alle daran glauben, heißt das noch lange nicht, daß es auch richtig ist. Umweltzerstörung, Ozonloch, Treibhauseffekt, Tierquälerei, die Ausrottung ganzer Tier- und Pflanzenarten, Krieg, Folter, Vergewaltigung, Unterdrückung von religiösen oder kulturellen Minderheiten, Benachteiligung von Frauen und Gewalt gegen Frauen und Kinder sind Folgen dieser Einstellung, der zufolge wir mit dem, was uns gehört, machen können, was wir wollen.

Wer etwas kauft, übernimmt aber mit der Bezahlung des Kaufpreises auch die Verantwortung für sein Eigentum. So gesehen, ist der Zweitwagen sicherlich kein Gewinn, denn erstens müssen wir arbeiten, um das Geld für den Kauf aufzubringen und um Steuern, Versicherung, Benzin und Reparaturen bezahlen zu können. Zweitens müssen wir einen zusätzlichen Parkplatz finden und uns drittens doppelt sorgen, daß uns jemand unser Auto stehlen könnte und so weiter und so fort.

Und zwei Freundinnen (oder Freunde)? Der Himmel auf Erden? Wohl kaum, denn alle Beteiligten (auch der Mann – oder die Frau – als angeblich lachende Dritte) kommen ständig zu kurz, denn nun werden auf einmal doppelt so viele Anforderungen gestellt, müssen zweimal so viele Bedürfnisse erfüllt und doppelt so viele Kindheitstraumata aufgearbeitet werden. Und am Ende sind dann doch alle froh, wenn das Experiment endlich vorbei ist.

In der Bibel steht sinngemäß, daß wir Menschen Herren über alle Kreaturen sein und uns die Erde untertan machen sollen. Das wurde allerdings vor über zweitausend Jahren in einer agrarischen Gesellschaft geschrieben, die noch vom alten Verständnis geprägt war, nach dem ein Herrscher der Diener seines Volkes sein sollte und der Hüter des Landes.

Ein Mensch, der glaubt, er könne Land besitzen, ähnelt einem Floh, der glaubt, ihm gehöre der Hund, auf dem er sitzt. Wer Land kauft, übernimmt damit eine schwere Bürde, denn nun obliegt es ihm – dem Hüter dieses Landes –, dafür zu sorgen, daß es dem Land und allen Geschöpfen, die auf ihm leben, gutgeht.

Alles und doch nichts

Wir kennen ein Paar, das beruflich sehr erfolgreich ist und das es nach den gängigen Standards «geschafft hat». Die beiden wohnen in einem wunderschönen Haus mit einem riesigen Garten in feinster Wohnlage; sie besitzen zwei weitere Häuser, die sie vermieten; sie fahren beide große

Luxusautos mit weißen Ledersitzen und fliegen zwei- oder dreimal im Jahr zum Shopping nach Dubai oder Hongkong.

Läuft Ihnen bei dieser Beschreibung schon das Wasser im Mund zusammen? Würden Sie gerne mit den beiden tauschen? Warten Sie noch etwas, bevor Sie sich entscheiden, denn nun kommt die Kehrseite der Medaille.

Die beiden betreiben zwei Schlachtereien, stehen jeden Morgen um fünf Uhr auf, fangen um sechs Uhr an zu arbeiten und kommen erst abends um acht Uhr nach Hause. Dort nehmen sie in ihrer schwarzen Luxusbadewanne mit Jetdüsen ein Schaumbad, um ihre verkrampften Körper wenigstens etwas zu entspannen, essen dann an ihrem von Hand geschnitzten Mahagonitisch und unterhalten sich dabei über ihre Angestellten, die ihrer Meinung nach allesamt faul, undankbar und diebisch sind. Danach setzen sie sich noch eine Stunde vor den ultramodernen Fernseher (100 Hertz, Format 16:9) und schlafen dabei ein. Irgendwann wachen sie dann auf und schleichen hinauf ins zweite Stockwerk, wo sie ins Himmelbett fallen und auf der Stelle weiterschlafen.

Haben Sie immer noch Lust, mit den beiden zu tauschen?

Unsere Bekannten besitzen scheinbar alles und haben in Wirklichkeit doch nichts. Sie stellen etwas dar, wie der Volksmund so schön sagt, aber sie sind nichts. Das kostbarste aller Güter – ihr Leben – rinnt ihnen durch die Finger. Und wenn wir Ihnen jetzt sagen, daß er mit fünfzig schon zwei Schlaganfälle hinter sich hat, wird Sie das kaum noch verwundern.

Sicher brauchen wir Geld zum Leben, aber wir brauchen vor allem Zeit, um es mit Freuden auszugeben. Denn nur Geld, das ausgegeben wird, hat einen Sinn. Geld, das herumliegt, fängt an zu stinken, und die giftigen Dämpfe, die dabei entstehen, töten unsere Lebensfreude und verwirren uns so gründlich, daß wir am Ende gar nicht mehr wissen, worauf es im Leben eigentlich ankommt.

Was wäre Ihnen lieber: Eine Million Mark, die Sie erhalten, nachdem Sie zehn Jahre lang im Gefängnis gewesen sind, oder jeden Monat genug Geld zum Leben und ausreichend Zeit für sich, Ihre Familie und Freunde? Wahrscheinlich sind Sie nicht bereit, für eine Million Mark zehn Jahre ins Gefängnis zu gehen, oder? Aber die meisten von uns sperren sich selbst in das Gefängnis ihrer Gier und ihres Immer-mehr-haben-Wollens und merken es nicht einmal.

Große Vermögen bringen große Verluste mit sich.

Laotse

Das Glücksorgan

Wir suchen nach Glück in der Welt, die uns umgibt, und hoffen, daß uns der schnellere Wagen oder die schönere Freundin, das größere Haus oder der besser bezahlte Job glücklich machen werden.

Natürlich gibt es äußere Umstände, unter denen es uns leichter fällt, ein Glücksgefühl zu verspüren. So fühlen wir uns an einem sonnigen Sommertag am Swimmingpool einer Luxusvilla einfach besser als an einem grauen, regnerischen Novembertag in der Einzelzelle eines Gefängnisses. Dennoch gibt es Menschen, die in ihren luxuriösen Villen todunglücklich sind und sich in ihren keimfreien Swimmingpools ertränken, weil sie das unglückliche Gesicht, das ihnen morgens aus dem Spiegel entgegenstarrt, nicht länger ertragen können. Andere Menschen, denen es materiell viel, viel schlechter geht, haben dagegen einen tiefen inneren Frieden gefunden, können von ganzem Herzen lachen und aus voller Kehle singen und das Leben mit Begeisterung genießen.

Glück ist eben nicht von äußeren Umständen abhängig und kann auch durch den phantastischsten materiellen Reichtum nicht hergestellt werden, wenn wir es nicht auch ohne ihn empfinden können. Glück ist allein Sache des Herzens. Es entsteht nicht durch das, was wir haben oder tun; es richtet sich auch nicht danach, wo wir uns befinden, welchen Beruf wir haben oder welcher sozialen Gruppe wir angehören.

Das Glück kommt ganz von selbst, wenn wir aufhören, danach zu suchen. Erst wenn alles Streben nach Glück endet und wir nicht länger nach außen, sondern nach innen schauen, können wir erkennen, daß es schon immer bei uns war: in unserem Glücksorgan, dem Herzen.

Wie zahlreich sind doch die Dinge,
derer ich nicht bedarf!

Sokrates

Immer da

Weil wir uns unvollständig fühlen und ganz werden möchten, umgeben wir uns mit Dingen, die uns ein Gefühl von Geborgenheit und Ganzheit vermitteln sollen. Aber Dinge können die Sehnsucht nach Einssein nie befriedigen; sie sind seelenlose Objekte, die nichts von dem halten, was uns die Werbung verspricht.

Es darf bezweifelt werden, daß Beziehungen durch die neue Zahnpasta, den frischeren Kaugummi oder die weißere Wäsche glücklicher werden oder länger dauern. Und doch fallen wir immer wieder auf die Bilder glücklicher braungebrannter Menschen herein, die uns auf dem Bildschirm vorgaukeln, daß der richtige Drink zur rechten Zeit uns richtig glücklich machen wird.

Wir identifizieren uns mit unserer Kleidung, unserem Auto, unserer Wohnung oder unserem Haus und freuen uns, wenn andere Menschen uns ebenfalls damit gleichsetzen und uns um unseren Besitz beneiden. Aber alle Dinge der Welt können unsere tiefsten Sehnsüchte nicht befriedigen: ganz zu sein und mit uns selbst in Frieden zu leben, eins zu sein und aufgehoben zu sein in den liebenden Armen der Existenz. Wir können uns durch sie eine Zeitlang von unserem eigentlichen Sehnen ablenken und uns selbst eine Weile vormachen, daß wir nun – da wir doch alles haben – auch glücklich sind. Aber die Realität unserer Sehnsucht holt uns immer wieder ein. Das kann plötzlich geschehen, wenn wir die Straße entlanggehen oder wenn wir nachts nicht einschlafen können. Dann spüren wir unvermittelt, daß in unserem Leben etwas fehlt, und wir wissen plötzlich, daß wir uns nicht nach Dingen sehnen, sondern nach Wärme, Geborgenheit und Liebe.

Und wenn wir ganz aufmerksam sind, können wir eine kleine Stimme hören, die flüstert: «Du brauchst mich nicht zu suchen, ich bin schon da.» Dann schlafen wir versöhnt ein und wachen am nächsten Morgen erfrischt und wie neugeboren auf.

Die kleine Stimme haben wir dann allerdings meistens schon wieder vergessen oder halten sie für einen zwar schönen, aber unrealistischen Traum.

Eine chinesische Lampe

Wie die folgende – wahre – Geschichte zeigt, gibt es allerdings auch Ausnahmen, und manchmal kann etwas so Alltägliches wie eine Lampe nicht nur Licht, sondern tatsächlich auch Glück verbreiten.

Es geschah vor ein paar Monaten in Norddeutschland. Ein Mann kaufte sich zu einem äußerst günstigen Preis eine Lampe, und als er sie auspackte, fiel aus dem Karton ein Stückchen grauer Wellpappe, auf die chinesische Schriftzeichen gezeichnet waren.

Nun konnte der Käufer kein Chinesisch, und auch an der örtlichen Volkshochschule konnte man ihm nicht weiterhelfen. Erst der Koch eines chinesischen Restaurants übersetzte ihm den Text, der heller strahlte, als es tausend Lampen je könnten.

Denn dort auf der grauen Wellpappe standen die folgenden Worte: «Möge der unbekannte Käufer beim Erstrahlen dieser Lampe dasselbe Glücksgefühl verspüren, das der Verfasser fühlt, wenn er bei Vollmond aus dem Fenster schaut und voller Liebe an seine Frau denkt, von der er durch tausend Meilen getrennt ist.»

Glück und Dankbarkeit

Glück hat viel mit Dankbarkeit und Demut zu tun, zwei Eigenschaften, die in unserer Gesellschaft schon beinahe einen negativen Beigeschmack haben. Wer will schon dankbar sein, wenn es doch noch soviel gibt, was uns zum Glücklichsein fehlt? Wer will Dankbarkeit empfinden, wenn der Nachbar mehr hat als er? Wofür sollen wir dankbar sein, wenn doch die Umwelt zunehmend zerstört wird und die Arbeitslosigkeit ständig zunimmt? Dankbarkeit? Nein danke!

Und Demut ist heute überhaupt nicht mehr angesagt, sondern nur etwas für die Dummen. Aber wenn wir angesichts des Wunders, das dieses Universum ist, nicht mutig genug sind, demütig zu sein, wie können wir dann überhaupt noch den Mut aufbringen, zu leben und zu lieben?

Wenn wir das Universum als einen Ort des Mangels begreifen, an dem es nicht genug für alle gibt, werden wir niemals glücklich sein können, weil wir immer Angst haben müssen, zu kurz zu kommen. Wenn wir glauben, das, was der Nachbar hat, fehle uns selbst, werden wir niemals inneren Frieden finden können, da das Leben dann für uns ein immerwährender Kampf aller gegen alle ist.

Aber die Welt ist Darwins Ansichten zum Trotz keine Kampfarena, in der der Stärkste nur dann überlebt, wenn er alle anderen vernichtet, sondern ein Abenteuerspielplatz, auf dem es darum geht, mit anderen zusammen zu spielen und einen Weg zu finden, sich selbst kennenzulernen, alle seine Fähigkeiten zu entwickeln und anderen Menschen auf ihrem Weg zu helfen.

Schenken macht reich

In manchen Kulturen gilt derjenige als reich, der am meisten verschenkt. Bei uns hingegen wird der für reich gehalten, der am meisten hortet. Aber wer ist glücklicher: der, der viel hat und darüber wacht, daß andere es ihm nicht wegnehmen, oder derjenige, der viel weggibt und sich am Glück anderer Menschen erfreut?

Es macht uns doch nicht glücklich, hundert Mark auf unser Sparkonto einzuzahlen, uns vorzustellen, daß es nach einem Jahr einhundertzwei Mark sein werden, und uns auszumalen, was wir dann alles damit machen können. Obwohl die

Summe rein rechnerisch mehr geworden ist, ist der tatsächliche Wert des Geldes sogar gesunken.

Es bereitet uns viel mehr Freude, einem Menschen, den wir mögen, für diese hundert Mark etwas zu kaufen, das er sich schon lange gewünscht hat. Denn Freude führt zu mehr Freude und ist obendrein von keiner Inflation abhängig. Geld für Geschenke auszugeben ist für uns die beste Geldanlage, die es gibt.

Ist nicht die Freude auf dem Gesicht eines anderen Menschen, die garantiert auch auf unser Gesicht überspringen wird, wichtiger als alles gehortete Geld der Welt? Schenken macht glücklich, und zwar sowohl den, der beschenkt wird, als auch den, der schenkt. Und Schenken macht reich, denn der einzig wirkliche Reichtum, über den ein Mensch immer und ohne Einschränkung verfügen kann, ist der Reichtum seines Herzens.

Nicht der, der hat, ist reich,
sondern der, der viel gibt.
Erich Fromm

Das schönste Geschenk

Möchten Sie Ihrem besten Kumpel eine unerwartete Freude machen oder Ihre beste Freundin mit einem ganz persönlichen Geschenk überraschen?

Machen Sie doch einmal etwas selber, statt etwas zu kaufen. Der Wert eines Geschenkes bemißt sich ja nicht daran, wieviel Geld es gekostet hat, sondern wieviel Sie von sich selbst hineingelegt haben, wie sehr Sie dabei an den Menschen, den Sie beschenken wollen, gedacht haben, wie sehr Sie versucht haben herauszufinden, an was er sich wirklich erfreuen würde.

Viele Menschen schenken anderen das, was sie selbst mögen und daher selbst gerne als Geschenk erhalten würden. Deshalb ist es eine wirkliche Kunst, sich selbst und seine eigenen Wünsche und Bedürfnisse beim Schenken ganz aus dem Spiel zu lassen und nur an den anderen zu denken.

Schauen Sie sich ein Bild Ihres Freundes an. Erinnern Sie sich an den glücklichsten Augenblick, den Sie mit Ihrer Freundin geteilt haben. Schließen Sie nun die Augen. Sehen Sie vor Ihrem inneren Auge das freudige, überraschte Lächeln auf dem Gesicht Ihres Freundes, wenn er das Geschenk auspackt. Hören Sie mit Ihrem inneren Ohr, wie Ihre Freundin die Hände vor Begeisterung zusammenschlägt, wenn Sie unerwartet mit einem geheimnisvoll verpackten Paket vor ihr stehen. Lassen Sie es ganz still und dunkel in Ihrem Kopf werden, bis Sie hören und sehen können, was sich der andere von Herzen wünscht.

Dann öffnen Sie wieder die Augen. Vielleicht wissen Sie jetzt, worüber sich Ihr Freund oder Ihre Freundin, Ihre Kinder oder Ihre Eltern am meisten freuen würden. Aber ganz gleich, was Sie verschenken, geben Sie immer etwas von sich selbst. Teilen Sie Ihr Sein mit einem anderen Menschen. Ein schöneres – und wertvolleres – Geschenk kann es nicht geben.

Reich beschenkt

Wir können unser Leben auf zweierlei Weise führen. Wir können alles als selbstverständlich hinnehmen, auf unserem angeblichen «Geburtsrecht» bestehen und immer mehr vom Leben und von anderen Menschen fordern. Wir können unser Leben aber auch als Geschenk annehmen und für die Dinge, die wir haben, dankbar sein.

Wir können das Leben als einen großen Supermarkt betrachten, aus dem wir uns nur zu bedienen und keine Rücksicht darauf zu nehmen brauchen, ob andere auch etwas abbekommen; wir können gleich frühmorgens hineinstürzen und die Schnäppchenjagd zu unserem alleinigen Lebensinhalt machen. Wir können aber auch mit dem zufrieden sein, was wir haben, und uns darüber freuen, daß wir überhaupt soviel haben.

Welche Einstellung macht uns wohl glücklicher?

Wir können uns endlos darüber beklagen, daß andere mehr haben als wir oder daß wir etwas nicht bekommen haben, obwohl wir es uns doch gewiß «verdient» hatten. Wir können uns aber auch darüber freuen, daß andere Menschen ebenfalls etwas haben, und darauf vertrauen, daß wir immer die Dinge bekommen, die wir wirklich brauchen, gleich ob wir sie nun verdient haben oder nicht.

Wir werden kein freudiges und sinnerfülltes Leben führen können, solange wir uns auf das konzentrieren, was uns noch fehlt, oder auf das, was im Leben «schiefgeht». Ein erfülltes Leben wird erst dann möglich, wenn wir wahrnehmen, wie reich uns die Existenz jeden Tag beschenkt, und wenn wir anfangen, für das dankbar zu sein, was wir bekommen haben.

Je weniger du bist,
je weniger du dein Leben äußerst,
um so mehr hast du,
um so größer ist dein entäußertes Leben.

Karl Marx

Wahrer Besitz

Der französische Schriftsteller André Gide formulierte es einmal so: «Wahrer Besitz wird nur dadurch erworben, daß man ihn verschenkt. Was du nicht weggeben kannst, das besitzt dich.»

Dinge besitzen nicht die Fähigkeit, uns frei zu machen, sie können uns aber Fesseln anlegen. Dinge sind nicht in der Lage, uns glücklich zu machen, sie können uns aber Sorgen bereiten. Dinge können uns niemals zu unserer höchsten Bestimmung führen, sie können uns aber ein Leben der Mittelmäßigkeit und Langeweile etwas erträglicher machen.

Der freie Mensch, der sein Glück von Dingen abhängig macht, macht sich selbst zum Sklaven. Der Sklave, der auf die Stimme seines Herzens hört, der befreit sich selbst.

Glücklich

Wenn wir abends ins Bett gehen, stellen wir uns manchmal gegenseitig die Frage: «Warst du heute glücklich?» Dabei haben wir gemerkt, daß wir die Frage immer dann vorbehaltlos bejahen konnten,

wenn wir an diesem Tag gelacht und uns über etwas gefreut haben,

wenn wir jemanden angelächelt haben und angelächelt wurden,

wenn wir für die Geschenke des Lebens dankbar waren und sie alle ohne Unterschied annehmen konnten,

wenn wir über das Wunder, das diese Welt ist, gestaunt haben,

wenn wir etwas Neues entdeckt oder etwas Vertrautes mit neuen Augen gesehen haben,

wenn wir anderen Menschen und uns selbst respektvoll und mit offenem Herzen begegnet sind,

wenn wir getanzt und Freudentränen gelacht haben – ohne daß es einen besonderen Anlaß dafür gegeben hätte.

Jetzt

Das Leben kann immer nur jetzt gelebt werden. Niemand kann es auf später verschieben. Und wenn wir die Gegenwart verlieren, haben wir unser ganzes Leben unwiderruflich verloren.

Wir haben schon oft Touristen beobachtet, die mit der Seilbahn auf einen Berg hinauffahren, dort ein paar schnelle Fotos von den spektakulärsten Ansichten machen, sich dabei über die Fernsehserie vom letzten Tag unterhalten und darüber, was es am Abend zu essen geben wird, und dann wieder herunterfahren. Die Majestät der schneebedeckten Gipfel ist ihnen dabei entgangen; die Stille und die Frische der Luft haben sie nicht einmal gespürt; und den Widerhall, den die Weite und der Frieden der Berge im eigenen Herzen findet, haben sie leider überhaupt nicht wahrgenommen.

Ohne Zweifel werden sie dann später, wenn sie wieder zu Hause sind, die Fotos entwickeln und ihren Nachbarn und Freunden zeigen, wo sie überall waren. Nur: Waren sie denn überhaupt dort? Hätten sie nicht auch gleich zu Hause bleiben, eine Menge Geld sparen und sich die Berge von der bequemen Couch aus im Fernsehen anschauen können?

Sie besitzen Bilder eines Berges. Aber sie waren

niemals wirklich da. Sie genießen die gefrorene Erinnerung an die Vergangenheit, aber die pulsierende Gegenwart haben sie niemals erlebt.

Im Körper – in der Gegenwart

Oft sind wir nicht wirklich anwesend und führen die Handlungen unseres Lebens mechanisch und ohne innere Beteiligung aus. Wir tun zwar so, als ob wir da wären, aber in Wirklichkeit sind wir meilenweit von uns selbst entfernt. Wenn wir zum Beispiel etwas kaufen, wissen wir oft gar nicht, warum wir es eigentlich tun oder wofür wir es brauchen.

Wenn Sie merken, daß Sie nicht wirklich präsent sind, konzentrieren Sie sich auf Ihren Körper, am besten auf Ihre Füße oder Ihren Bauch. Das wird Sie wieder auf den sprichwörtlichen Boden der Tatsachen und ins Hier und Jetzt bringen.

Denn nur der Körper lebt immer in der Gegenwart, da es ihm unmöglich ist, sich in andere Dimensionen zu begeben. Deshalb ist er auch ein guter Gradmesser, um zu bestimmen, was Sie glücklich macht. Wenn Sie etwas kaufen, achten Sie auf die Reaktionen Ihres Körpers. Hören Sie weniger auf Ihren Kopf und mehr darauf, was Ihnen Ihr Körper sagen möchte.

Unsere Gedanken beschäftigen sich nämlich zumeist mit der Zukunft und schweben in einem Phantasiereich aus Hoffnungen und Erwartungen herum. Sie sind schlechte Ratgeber, wenn es um die Gegenwart geht. Aber Glück findet immer nur in der Gegenwart statt, es kann weder auf die Zukunft verschoben noch aus der Vergangenheit übernommen werden. Gedanken malen sich Möglichkeiten aus, nicht Tatsächlichkeiten: «Wenn ich diesen tollen Wagen kaufe, dann kriege ich auch die tolle Gabi!» «Wenn ich einen Swimmingpool hätte, würden mich alle meine Nachbarn beneiden!» «Wenn ..., dann ...» ist die Logik des Verstandes, der nicht wahrnimmt, was ist, sondern das, was seiner Meinung nach sein sollte.

Gefühle leben überwiegend in der Vergangenheit, im Reich damaliger Erlebnisse, Enttäuschungen und Gipfelerfahrungen. Auch sie sind keine guten Ratgeber für ein Leben im gegenwärtigen Augenblick. Gefühle schwelgen in Vergleichen: «Als ich damals mit Klaus auf dem blauen Sofa saß, da ging's mir so gut. Ich kaufe mir wieder ein blaues Sofa, vielleicht kommt ja auch Klaus zurück!» «Als Kind hat mir meine Mutti immer Schokolade gegeben, wenn ich brav war. Da wußte ich, daß sie mich liebhat. Jetzt kaufe ich mir gleich eine Riesentafel Schokolade!»

Vertrauen Sie auf Ihren Körper. Er kann nicht lügen, er kann sich nicht verstellen. Sie müssen natürlich bereit sein, ihm wirklich zuzuhören. Geht es dem Körper auf dem Sofa gut? Schmeckt dem Körper die Schokolade? Fühlt sich der Körper wohl, wenn er die tolle Gabi im Arm hat? Freut sich der Körper, wenn er in den Swimmingpool springt?

Vertrauen Sie auf Ihren Körper. Seine Weisheit ist unbestechlich. Er sagt uns genau, was wir zum Glücklichsein brauchen – wir müssen nur auf ihn hören.

Eine Gedankenübung

Wir möchten uns in diesem Kapitel mit einer kleinen Gedankenübung beschäftigen. Gedankenübungen schulen den Verstand und befreien das Herz. Sie dienen dazu, uns bestimmte Sachlagen und deren mögliche Konsequenzen bewußt zu machen, um in der Sicherheit dieses geistigen Sandkastens zu erfahren, wie wir auf bestimmte Situationen reagieren.

Die wichtigste Voraussetzung für eine Gedankenübung ist, sich dabei keinerlei Beschränkungen aufzuerlegen und nicht von vornherein bestimmte Möglichkeiten auszuschließen. Wenn Gedanken wie «Das geht ja doch nicht!», «Das läßt sich nie verwirklichen!» oder «So ist die Welt nun einmal nicht!» auftauchen, nehmen Sie sie einfach wahr, ohne sie zu beurteilen, und lassen Sie sie dann wieder gehen. Die äußere Welt wird Ihnen genug Beschränkungen auferlegen, da brauchen Sie es nicht auch noch selbst zu tun.

Richten Sie den Scheinwerfer Ihres Bewußtseins auf ein Thema Ihrer Wahl, und beleuchten Sie es von allen Seiten – und zwar wirklich von allen. Wenn Sie davon ausgehen, daß eine bestimmte Handlung in einer Katastrophe enden muß, erhellen Sie auch die positiven Möglichkeiten, die sich daraus ergeben. Wenn Ihnen etwas

Freude macht, schauen Sie sich auch die Schattenseite an, und finden Sie heraus, ob Sie etwas aufgeben müssen, um diese Freude zu erleben.

Die Wahrheit ist wie ein geschliffener Kristall. Sie hat unendlich viele Facetten, und nur wenn wir den Mut aufbringen, den Kristall zu drehen und ihn ohne vorgefaßte Meinung von allen Seiten zu betrachten, enthüllt sich uns ein wahres Abbild der Wirklichkeit.

Nun zur Übung selbst: Stellen Sie sich vor, Sie hätten kein Auto. Was würde dann passieren? Wie würde sich Ihr Leben ändern? Hätte das Fehlen eines Wagens Einfluß auf Ihre Lebensqualität?

Spielen Sie diese Vorstellung unter verschiedenen Gesichtspunkten durch. Fragen Sie sich, was Sie verlieren und was Sie gewinnen würden. Nehmen Sie Ihre Gefühle wahr, während Sie darüber nachdenken. Welcher Gedanke macht Ihnen angst? Bricht Ihnen möglicherweise der Schweiß aus? Wann? Warum?

Oder stellen Sie sich vor, Sie hätten überhaupt keine finanziellen Reserven. Stockt Ihnen bei diesem Gedanken der Atem? Berührt diese Frage schon den Kern Ihres Daseins?

Es gibt keine richtigen Antworten, die für alle Menschen gültig wären. Manche finden heraus, daß ihnen das Auto eigentlich längst zu einer Belastung geworden ist, und schaffen es daraufhin tatsächlich ab. Andere merken, daß sie es wirklich brauchen, und fühlen sich besser, weil sie nun eine bewußte Entscheidung getroffen haben, statt einfach nur deshalb ein Auto zu haben, weil man eben eines hat.

Manche Menschen entdecken, daß sie sich als Einzelkämpfer begreifen und dem ganzen Universum kritisch oder gar ablehnend gegenüberstehen; andere finden heraus, daß sie voller Vertrauen sind, daß sie immer genug haben werden und daß sie sich auf ihre Familie und ihre Freunde verlassen können.

Der Verstand ist ein Laboratorium, in dem es keine Budgetkürzungen, unbesetzte Stellen oder unzuverlässige Mitarbeiter gibt. Wenn Sie den nötigen Mut haben, können Sie sich vorstellen, was immer Sie wollen. Wenn Sie dann noch dementsprechend handeln, sind Sie nicht länger Opfer der Umstände, sondern Mitschöpfer Ihrer Wirklichkeit.

Je einfacher wir unser Leben gestalten, desto reicher sind wir

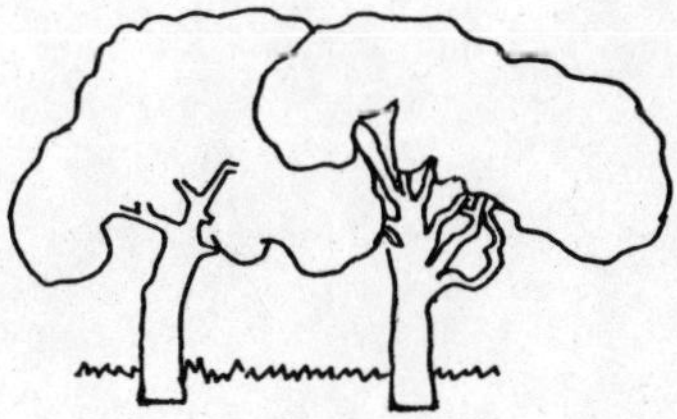

Wenn weniger mehr wird

In unserem Streben nach Glück lassen wir uns meistens von einer völlig falschen Überzeugung leiten: Wir glauben, daß Glück etwas ist, das irgendwo «dort draußen» verborgen ist, und daß es etwas ist, das uns fehlt und das wir unserer Persönlichkeit oder unserem Besitz hinzufügen müßten.

Aber umgekehrt wird ein Schuh daraus: Wir müssen unserem Leben nichts hinzufügen, um irgendwann einmal glücklich zu *werden*, sondern uns von all dem befreien, was uns daran hindert, jetzt glücklich zu *sein*. Erst wenn wir herausfinden, wer wir hinter all unseren Ängsten und Hoffnungen, unseren Meinungen und Vorlieben, unseren Masken und Kostümen wirklich sind, können wir auch erkennen, daß wir in unserem innersten Kern schon glücklich sind und es auch immer waren. Im Herzen eines jeden Menschen existiert nämlich etwas, das durch keine äußeren Umstände berührt werden kann, weil es sich weder in der Zeit noch im Raum befindet. Erst wenn wir all das loslassen, was uns an der direkten Erfahrung des Lebens hindert, entdecken wir, daß nicht nur wir, sondern alles, was lebt, in diesem immerwährenden Zustand des Glücks existiert.

Jeder Mensch schleppt auf seinem Lebensweg

einen großen Sack voller unnützer Erinnerungen, Meinungen, Theorien, Ideologien und Lügen mit sich herum. In diesem großen Sack befinden sich fein säuberlich beschriftete kleine Säcklein mit Aufschriften wie: «Ich brauche das, um...», «Ich bin das, weil...», «Ich will das, da...», «Ich muß das, denn...», «Ich soll das, sonst...»

Wer sich selbst erkennen will, muß den Sack aufmachen und sich den Inhalt der Säcklein sehr genau anschauen; wer das Leben genießen will, der muß danach den Sack wegwerfen. Ohne sein überflüssiges Gewicht ist der Lebensweg dann kein Leidensweg mehr, sondern ein Pfad der Freude, der nicht gegangen, sondern getanzt werden möchte.

Immer mehr zu wollen führt mit Sicherheit nur dazu, daß wir immer weniger haben; immer weniger zu wollen kann aber dazu führen, daß wir immer mehr haben. Die Welt offenbart sich uns in ihrem wahren Glanz nämlich erst dann, wenn wir sie nicht mehr durch die Filter der Wahrnehmung betrachten, sondern uns ihren Segen spendenden Strahlen direkt und ungeschützt aussetzen.

Das Herz ist der Mittelpunkt des Universums.
Gehe dorthin, und verweile dort.

Bhagawan Nityananda

Eine Atemmeditation

Wir möchten Ihnen an dieser Stelle eine ganz einfache Meditationstechnik vorstellen, die die Grundform vieler komplizierter Meditationsmethoden darstellt. Sie kann in jeder Haltung, zu jeder Zeit, an jedem Ort ohne Vorbereitung oder besondere Ausrüstung durchgeführt werden. Das ist wichtig, denn je einfacher eine Meditationstechnik ist, desto wirksamer ist sie auch.

Setzen Sie sich wieder bequem auf eine Weise hin, die Sie fünfzehn bis zwanzig Minuten lang durchhalten können, ohne daß es Ihnen Schmerzen bereitet oder Verspannungen auftreten. Meditation, die erlitten wird, ist sinnlos und führt lediglich dazu, daß Sie sich immer weiter von sich selbst und Ihren Gefühlen abschneiden. Eine solche Meditationsmethode erreicht also genau das Gegenteil von dem, was sie eigentlich beabsichtigt. Da es in der Meditation um Achtsamkeit gegenüber körperlichen, geistigen und emotionalen Prozessen geht, ist es wichtig, daß sich der Körper wohl fühlt, damit sich der Verstand entspannen kann.

Wenn Sie gerne auf dem Boden sitzen und Ihnen diese Haltung angenehm ist, so tun Sie das jetzt. Achten Sie darauf, daß Ihr Rücken gerade ist und daß Ihre Knie den Boden berühren. Zwingen Sie

Ihre Wirbelsäule nicht in eine rigide Haltung hinein, sondern erlauben Sie ihr, sich vom Becken aus einfach aufzurichten.

Wenn Sie gerne auf einem Stuhl sitzen, so ist das völlig in Ordnung. Achten Sie darauf, daß Sie sich nicht mit dem Rücken anlehnen und daß Ihre Fußsohlen vollen Kontakt mit dem Boden haben. Legen Sie die Hände nun entspannt in den Schoß.

Wenn Sie lieber auf dem Boden liegen möchten, weil Sie sich in dieser Haltung am besten entspannen können, so ist auch das in Ordnung. Die sitzende Meditationshaltung wurde unter anderem deshalb eingeführt, weil es sehr leicht ist, im Liegen einzuschlafen. Sollten Sie müde werden, brechen Sie die Meditation ab, und machen Sie einfach ein kleines Nickerchen. Auch das wird Ihnen guttun. Wenn Sie sich dann wacher fühlen, beginnen Sie erneut mit der Meditation im Liegen.

Achten Sie darauf, daß Ihr ganzer Rücken den Boden berührt und daß Sie sich ein kleines Kissen unter den Kopf legen, damit die chronisch überanstrengten Muskeln des Rückens und des Nackens leicht gedehnt werden und sich so entspannen können. Falten Sie die Hände über dem Bauch.

Wenn Sie eine Ihnen bequeme Haltung eingenommen haben, konzentrieren Sie sich ausschließlich auf Ihre Nasenspitze. Fühlen Sie, wie die Luft kühl in Ihre Nasenlöcher hineinströmt und warm wieder herausströmt. Konzentrieren Sie sich eher auf die Ausatmung, denn einatmen tut jeder Organismus von selbst. Sobald die Lunge nämlich leer ist, wird durch das entstandene Vakuum automatisch Luft in sie hineingesogen, ohne daß Sie etwas dazu tun müßten.

Richten Sie Ihre gesamte Aufmerksamkeit auf den Atem an Ihrer Nasenspitze. Verfolgen Sie ihn nicht in den Körper hinein, denn das könnte Sie veranlassen, absichtlich zu atmen. Wir wollen uns aber mit dieser Meditationsmethode ganz der Weisheit des Körpers hingeben, die unendlich viel älter ist als die unseres Verstandes und genau weiß, welcher Atemrhythmus wann angemessen ist.

Zwingen Sie Ihren Atem niemals, lassen Sie ihn einfach zu. Schauen Sie zu, wie Sie atmen – oder wie die Mystiker sagen würden, wie «es» Sie atmet. Greifen Sie nicht ein. Werden Sie zum stillen Zeugen Ihrer Lebensvorgänge.

Eine regelmäßige Meditationspraxis kultiviert diesen stillen Zeugen, der beobachtet, ohne zu urteilen, und der wahrnimmt, ohne einzuordnen. Wenn Sie ganz in Ihrem Körper präsent sind, ohne einzugreifen und alles unter Kontrolle haben zu wollen, dann können Sie auch glücklich sein, ohne einen Grund dafür zu haben.

Nehmen Maschinen uns Arbeit ab?

Wir schaffen uns immer mehr Maschinen an, die uns die «lästigen» Arbeiten abnehmen sollen, damit wir mehr Zeit für die «wichtigen» Dinge des Lebens haben. Zu diesen elektrischen Haushaltsgeräten gehören auch die Geschirrspülmaschinen. Dank dieser glorreichen Erfindung haben wir nun endlich Zeit, im Fernsehen täglich eine Seifenoper mehr zu sehen. Was für ein Fortschritt auf dem Weg zum absoluten Glück!

Ist uns Abwaschen aber bei genauerer Betrachtung wirklich so lästig, wie wir oftmals meinen? Kann überhaupt irgendeine Tätigkeit, die wir mit voller Aufmerksamkeit und Liebe machen, lästig sein? Ist es nicht eher ein ganz herrliches Gefühl, die Hände in das warme, weiche Seifenwasser zu tauchen und die dreckigen Gläser und Teller blitzblank und funkelnd wieder auftauchen zu sehen?

Wir finden das Abwaschen sehr entspannend und sehr meditativ. Wir brauchen dabei über nichts nachzudenken, können uns dieser einfachen Tätigkeit völlig hingeben, abschalten und uns entspannen. Was soll daran lästig sein?

Es ist erheiternd, daß viele Menschen keine Probleme damit haben, sich in einer unbequemen Haltung mit gekreuzten Beinen hinzusetzen, quälende Schmerzen zu erdulden und stundenlang sinnlose Laute zu wiederholen, und dies dann auch noch für «spirituell» halten, während sie so einfache – und daher für die Meditation so geeignete – Tätigkeiten wie das Abwaschen oder Staubwischen für lästig halten und als Zeitverschwendung ansehen.

Im Zen-Buddhismus gibt es eine schöne Geschichte, die von einem Mönch handelt, der von seinem Meister für erleuchtet erklärt worden ist. Die anderen Schüler umringen ihn neugierig und bestürmen ihn mit Fragen, wie er sich denn jetzt fühle, was er in Zukunft machen werde, was jetzt anders sei, welchen Rat er ihnen geben könne, damit auch sie seinem Beispiel nacheifern mögen.

Der Mönch, der gerade Feuerholz gehackt hat und nun dabei ist, Wasser für die Küche zu holen, hält einen Moment lang inne, schaut die anderen verständnislos an, kratzt sich den kahlrasierten Schädel und antwortet: «Vor der Erleuchtung, Holz hacken und Wasser holen. Nach der Erleuchtung, Holz hacken und Wasser holen.» Dann geht er davon.

Diese kleine Geschichte zeigt nicht nur, daß Erleuchtung etwas ganz Alltägliches ist, dem wir keine übermäßige Bedeutung beimessen sollten, sondern auch, daß es gerade die einfachen Tätigkeiten sind, die zu jenem Zustand des ewigen Augenblicks führen, den wir «Erleuchtung» nennen.

Wenn Sie allein abwaschen und sich ganz darauf konzentrieren, kann es herrlich still in Ihrem Kopf werden, und Sie können beobachten, wie die Probleme des Tages so davonwehen, wie der Herbstwind die Blätter von den Bäumen fegt.

Wenn Paare gemeinsam abwaschen oder Staub wischen, bügeln oder aufräumen, können sie sich in diesem Raum der Stille begegnen und mögliche Spannungen zwischen sich verschwinden sehen, ohne daß sie dabei viele Worte machen müßten.

Wenn Kinder und Eltern gemeinsam abwaschen und abtrocknen, können sich wunderbare Gespräche ergeben. Aber haben Sie schon einmal eine intelligente Unterhaltung mit Ihrer Geschirrspülmaschine gehabt?

Lerne mit der Stille in dir in Kontakt zu kommen,
und wisse, daß alles im Leben seinen Sinn hat.
Es gibt keine Fehler und keine Zufälle.
Alle Ereignisse sind Segnungen,
die uns geschenkt wurden,
damit wir daraus lernen.

Elisabeth Kübler-Ross

Machen Maschinen Arbeit?

Ein elektrisches Haushaltsgerät wie beispielsweise eine Geschirrspülmaschine soll uns das Leben leichter machen, aber tut sie dies wirklich? Pfannen, Töpfe und Schüsseln passen sowieso nicht in sie hinein, stark verschmutztes Geschirr muß ohnehin vorgewaschen werden, und feines Porzellan ist meistens nicht spülmaschinenfest. Die Maschine muß beladen und entladen werden; sie ist laut; sie verbraucht Strom; und sie muß auch gereinigt, gewartet und gelegentlich repariert werden.

Und sie kostet natürlich Geld – und zwar viel mehr, als ein paar Abwaschbürsten kosten würden. Um sie uns leisten zu können, müssen wir Geld beschaffen, das heißt arbeiten und möglicherweise Tätigkeiten verrichten, die für die meisten von uns nicht gerade die Erfüllung ihrer Träume darstellen.

Es stellt sich also die Frage: Nimmt uns eine Geschirrspülmaschine Arbeit ab, oder macht sie uns Arbeit? Schauen Sie sich Ihre elektrischen Haushaltsgeräte einmal im Licht des eben Gesagten an, und überlegen Sie sich, was Ihnen wirklich hilft und was Ihnen eigentlich Arbeit macht, die Sie ohne die Maschine gar nicht hätten.

Was brauche ich zum Leben?

Beantworten Sie sich selbst bitte die folgenden Fragen. Schreiben Sie einfach auf, was Ihnen in den Sinn kommt, ohne es zu beurteilen oder zu bewerten.

Was brauche ich zum Leben?
Habe ich alles, was ich zum Leben brauche, oder fehlt mir irgend etwas zum Glücklichsein?
Was fehlt mir?
Möchte ich mein Leben vereinfachen?
Was hält mich davon ab?
Wie kann ich mein Leben vereinfachen?
Wer kann mich dabei unterstützen, mein Leben zu vereinfachen?

Bewahren Sie sich Ihre Antworten auf. Schauen Sie sich das, was Sie heute geschrieben haben, aber erst dann wieder an, wenn Sie das Buch ganz durchgelesen haben.

Man kann nicht arrogant werden,
wenn man seine Sachen selber bügelt.
Meryl Streep

Ekstase der Sinne

Es ist ungesund, sich den ganzen Tag lang in geschlossenen Räumen aufzuhalten, in denen wir uns kaum bewegen, in denen kein Wind weht und in denen wir im grellen Schein von Neonröhren oder im Halbdunkel normaler Lampen leben.

Künstliches Licht kann niemals die heilende und Leben spendende Kraft des Sonnenlichtes ersetzen. Der Körper verkümmert, wenn er nur vom Sessel zur Couch bewegt wird, um dort wieder in stundenlanger Untätigkeit zu erstarren. Er möchte sich strecken und dehnen, laufen und springen, seine Muskeln und seine Kraft erproben, seine Grenzen kennenlernen und ausdehnen. Der Körper braucht aber nicht nur Bewegung, um sich wohlzufühlen und optimal zu funktionieren, er braucht auch Licht und das Gefühl des Windes auf der Haut.

Unsere Augen wollen nicht tagein, tagaus gegen weiße, gerade Flächen und Kanten starren, sie wollen hinausschauen in die Unendlichkeit und sich an weichen, gekrümmten Linien freuen, sie wollen die Farben der Welt in sich einströmen lassen und sich satt sehen an der bunten Mannigfaltigkeit der Schöpfung.

Unsere Ohren wollen nicht nur das Summen von Computern und das Klappern von Tastaturen hören; sie wollen nicht nur den Druck des sterilen Nichtrauschens digitaler Tonträger gegen ihre Trommelfelle spüren, sie möchten sich berauschen am Gesang der Vögel, am Heulen des Sturmes, am Flüstern von Bäumen und Gräsern; sie möchten teilnehmen an der großen Symphonie, die das Leben täglich in immer neuen Variationen komponiert.

Unsere Nasen wollen nicht nur den Geruch schwerer Polstermöbel oder formaldehydgetränkter Schränke riechen; es macht ihnen keinen Spaß, die Abluft von Computern, Fernsehern, Mikrowellenherden oder Faxgeräten als ihr täglich Brot zu nehmen; sie wollen sich jubilierend an den Millionen Gerüchen satt riechen, die durch die Luft schwirren. Sie wollen in Blütenkelchen vergraben und in die Halsbeuge eines lieben Menschen gesteckt werden; sie möchten den Geruch frischer Erde und vermodernden Laubes ebenso riechen wie den frisch geölten Hintern eines Babys oder die harten Winde eines Orkans, der ihnen geheime Botschaften aus anderen Ländern und anderen Zeiten bringt.

Unsere Münder möchten nicht nur von harten Porzellanbechern und Gläsern berührt werden; sie wollen mit ihrer empfindsamen Zunge nicht nur tote, zerkochte, zermatschte oder sonstwie bis zur Unkenntlichkeit verstümmelte Nahrung hin und her schieben; sie möchten sich auch an den Lippen anderer Menschen festsaugen, deren süßen Atem in sich einströmen lassen und ihre eigene Lebenskraft mit ihnen teilen; sie möchten die Welt erkunden und alles berühren, so wie wir es ihnen erlaubt hatten, als wir noch klein waren.

Und unsere Hände wollen nicht nur harte, von Menschen oder Maschinen hergestellte Dinge berühren; sie möchten nicht nur Ecken betasten und die Kälte lebloser Gegenstände spüren; sie möchten das Leben selbst «in die Hand nehmen»; sie sehnen sich danach, die Lebenskraft, die in Menschen, Tieren und Pflanzen pocht, zu erfühlen und zu erforschen, zu streicheln, zu halten und zu liebkosen.

Ehren wir unseren Körper und alle unsere Sinne, so ehren wir uns selbst. Der Körper ist keine Last, die es so schnell wie möglich abzuwerfen gilt; er ist auch kein «Dunghaufen», wie es Thomas a Kempis, ein christlicher Mystiker des Mittelalters, einmal formulierte, sondern eine unendliche Quelle der Freude und des sinnlichen Vergnügens. Es ist nicht notwendig, ihn auf immer neue Weise zu erschrecken, damit er sich lebendig fühlt. Je feiner und je zärtlicher wir mit unserem Körper umgehen, desto empfindsamer wird er und desto mehr Freude wird er uns bereiten.

Was ist der Sprung von einem Turm, in letzter Sekunde vom Bungeeseil gebremst, verglichen mit der Ekstase, die der Klang eines schlagenden Menschenherzens in uns auslösen kann? Was ist der «sexuelle» Kick, den wir aus der Vorstellung, einem anderen Menschen Schmerz zuzufügen oder selbst Schmerz zu erleiden, gewinnen, gegen die Ekstase, die der liebevolle Blick eines geliebten Menschen in den Tiefen unserer Seele auslösen kann?

Je einfacher eine Freude ist, desto stärker berührt sie unser Herz. Je empfindsamer wir in unserer Wahrnehmung werden, desto mehr leben wir in der Gegenwart Gottes und damit im Paradies.

Glück ist kein Ziel,
es ist eine Begleiterscheinung.
Eleanor Roosevelt

Zurück ins Leben

So, wie wir uns jeden Tag die Zähne putzen, so, wie es selbstverständlich für uns ist, zu essen, fernzusehen oder uns mit unserem Partner zu unterhalten, so sollten wir auch jeden Tag die Zeit finden, hinauszugehen in die Natur. Das kann ein Wald, ein Flußtal oder ein städtischer Park sein, aber selbst der Aufenthalt in einem kleinen Garten genügt oftmals schon, um uns wieder mit der ursprünglichen Natur zu verbinden, von der auch wir ein Teil sind.

Wenn es warm genug ist, ziehen wir uns die Schuhe aus und fühlen die lebendige Erde unter unseren Füßen. Es ist erstaunlich, wie sensibel unsere Füße immer noch sind, obwohl sie fast den ganzen Tag über in Strümpfe und Schuhe eingesperrt sind. Sie fühlen die kleinste Unebenheit im Boden, erspüren winzige Steine und weichen wie von selbst allem aus, das sie irgendwie verletzen könnte. Füße sind dankbar, wenn wir sie eine Zeitlang aus ihrem Gefängnis befreien. Sie sind noch dankbarer, wenn wir sie hinterher baden, eincremen und massieren.

Wenn es warm genug ist, ziehen wir soviel wie möglich von unserer Kleidung aus und genießen die Leben spendende Wärme der Sonne auf unserer Haut. Natürlich sind wir heute vorsichtiger, als wir es noch vor ein paar Jahren waren, aber wir sollten bei aller gebotenen Vorsicht nicht vergessen, daß wir die Sonne brauchen, um uns wohl zu fühlen, und daß es schließlich die ultraviolette Strahlung des Sonnenlichtes war, die unser Leben auf der Erde überhaupt erst ermöglicht hat.

In der Natur atmen wir das Leben in vollen Zügen ein; wir hören seiner niemals verstummenden Melodie zu und riechen seine berauschenden Gerüche; wir lassen die Welt in uns hineinströmen und nehmen sie dankbar in uns auf. Wenn wir in der Natur sind, kehren wir zurück ins Leben.

Die Welt ist ein Wunder

Albert Einstein hat sinngemäß gesagt, es gebe zwei Einstellungen zum Leben: die eine gehe davon aus, daß es überhaupt keine Wunder gebe, die andere davon, daß alles ein Wunder sei.

Unserer Erfahrung nach ist glücklicherweise die zweite Auffassung wahr. Wir kommen einfach aus dem Staunen nicht mehr heraus, wenn wir die Wunder der Welt betrachten: die Sonnenaufgänge, die zuerst noch schüchtern ein zartes Rosa in die Schwärze der Natur mischen und dann jubilierend ihr Licht über das Land werfen; die weißen Wolken am blauen Himmel, die traumgleich dahinziehen und ihre Form keine Sekunde lang halten können; die Berge, die sich aus der Festigkeit des Bodens heraus mit den unendlichen Weiten des Weltalls zu verbinden suchen; die Flüsse, die aus den Tiefen der Erde herausströmen und heimkehren wollen in die Geborgenheit des Meeres.

Jeden Morgen wachen wir auf und können es nicht fassen, daß wir wieder neu geboren wurden, daß uns irgend etwas herausgezogen hat aus dem phantastischen Reich der Innenschau in die noch viel phantastischere Welt der Sinne. Die Wunder, die wir in unseren Träumen erleben, verblassen vor den Wundern, mit denen uns die Welt täglich überschüttet – vorausgesetzt, wir nehmen sie wahr und gehen nicht achtlos an ihnen vorüber.

Jeden Morgen wachen wir mit zerknitterten Gesichtern auf, schauen einander in die Augen und können uns nicht satt sehen an dem Wunder, das uns zu Menschen gemacht hat, die lieben und Liebe empfangen können.

Lebenssinn

Ist es nicht auch ein wahres Wunder, daß unser Herz schlägt, ohne daß wir jemals daran denken müßten; daß die Sonne scheint und uns Tag für Tag mit ihrer Leben spendenden Wärme beglückt; daß wir unsere Arme und Beine bewegen, ohne je ergründen zu können, wie wir dies eigentlich tun; daß Blumen riechen und in den verschiedensten Farben erblühen; daß auf die Nacht der Tag folgt und auf den Tag wieder die Nacht?

Ist es nicht ein ebenso großes Wunder, daß sich die Erde mit millimetergenauer Präzision und mit einer unvorstellbaren Geschwindigkeit um die Sonne bewegt? Ist es nicht ein Wunder, daß Milliarden Sternsysteme durch die endlosen Weiten des Weltalls ziehen, daß dort draußen in der kosmischen Gebärmutter vor Jahrmillionen Galaxien geboren wurden, deren Licht uns erst jetzt erreicht, so daß wir heute Zeugen ihrer Geburt werden können, obwohl sie möglicherweise schon gar nicht mehr existieren?

Ist es nicht ein Wunder, daß sich Menschen verschiedener Kulturen trotz aller Unterschiede miteinander verständigen und in Frieden leben können, daß Männer und Frauen einander trotz scheinbar unüberwindlicher Gegensätze immer noch lieben und sich auf ihrem Weg unterstützen können; daß aus einer winzigen Eizelle, die sich einen Moment lang öffnet, um einen noch winzigeren Samen in sich aufzunehmen, ein Wesen wird, das Gedichte verfaßt, Brücken baut, himmlische Musik schreibt oder über seine Endlichkeit philosophieren kann?

Erst wenn uns nichts mehr selbstverständlich ist und wir wie die Kinder staunend mitten im Wunder der Welt stehen, erschließt sich uns der Sinn des Lebens. Erst wenn wir aufhören, die Welt kontrollieren zu wollen und alles verstehen zu müssen, offenbart sich uns der Plan der Schöpfung. Erst wenn wir bedingungslos lieben, uns ganz dem Leben hingeben und es dankbar als Geschenk annehmen, treten wir ein in einen Zustand immerwährenden Glücks.

Letzten Endes ist nichts,
was wir in unserem Leben tun oder sagen,
so wichtig wie die Art und Weise,
wie wir uns geliebt haben.

Daphne Rose Kingma

Die fernsehlose Zeit

Als unser Fernseher vor einiger Zeit kaputtging, haben wir ihn nicht sofort reparieren lassen, weil wir einmal wissen wollten, ob und wie sich unser Leben ändern würde, wenn wir ihn nicht täglich anschalten, und ob uns dann etwas fehlen würde.

Uns fehlte nichts. Es ging uns sogar besser als vorher, weil wir auf die tägliche Dosis Gewalt und Irrsinn, mit der uns die Fernsehsender überschütten, gut verzichten konnten. Gleichzeitig schärfte sich unsere Wahrnehmung, und wir erkannten, daß die Welt nicht so ist, wie sie im Fernsehen dargestellt wird, und daß sich das Fernsehen nur auf einen winzigen Abschnitt aus dem Leben konzentriert. Es zeigt nicht den ruhigen Lauf eines Flusses, sondern nur die brüllenden Stromschnellen und Wasserfälle; es zeigt nicht den blauen Sommerhimmel, sondern nur die schwarzen Gewitterwolken und die alles vernichtenden Wirbelstürme; es zeigt nicht blühende Landschaften, sondern durch innere oder äußere Kriege verwüstete Städte.

Das Fernsehen lebt von der Übertreibung; es muß die Tiefen und Höhen zeigen und nicht die Mitte; es muß über Extreme berichten, denn das Normale kennen wir aus unserem Alltag. Und wer will schon sein Leben auch noch auf dem Bildschirm sehen? Aber das Leben ist nicht so, wie es im Fernsehen dargestellt wird. Es ist aber auch nicht so, wie es in den Köpfen herumspukt, die durch das Fernsehen und die anderen Medien an immer extremer werdende Erfahrungen gewöhnt wurden. Das Leben ist einerseits viel banaler, als es im Fernsehen gezeigt wird, und andererseits viel aufregender, als es die meisten von uns wahrhaben wollen.

Sollte Ihr Fernseher in nächster Zeit einmal kaputtgehen, lassen Sie ihn nicht sofort reparieren. Geben Sie sich eine Woche Zeit, um herauszufinden, wie das Leben ohne Fernsehen ist. Können Sie sich so etwas überhaupt noch vorstellen? Was verpassen Sie, wenn Sie eine Woche lang nicht auf den Bildschirm starren können?

Möglicherweise finden Sie Zeit für ein wichtiges Gespräch mit Ihren Kindern, oder Sie spielen nach dem Abendessen mit ihnen ein Spiel. Vielleicht machen Sie mit Ihrer Liebsten oder mit Ihrem Liebsten einen Spaziergang oder lieben sie oder ihn ganz besonders lange und zärtlich. Möglicherweise rufen Sie auch Ihre Eltern an und sagen ihnen, wie sehr Sie sie lieben (falls Sie sie lieben!). Vielleicht träumen Sie zur Musik Ihrer Lieblingsgruppe oder schauen sich Fotos aus dem letzten Urlaub an. Es kann sogar sein, daß Ihnen zum ersten Mal auffällt, wie stark Blumen riechen oder wie grün ein Wald ist oder welche Augenfarbe Ihre Freundin hat.

Übrigens muß Ihr Fernseher nicht erst kaputtgehen. Sie brauchen ihn einfach nur nicht einzuschalten.

Ich nenne den einen Narren,
der das Glück zwingen will,
ich nenne den einen Weisen,
der bereit ist, sich dem Glück hinzugeben.

Magister Mario

Schuhe putzen ist Meditation

Putzen Sie gerne Schuhe? Macht es Ihnen Spaß, Staub zu wischen? Bügeln Sie gerne?

Wenn ja, wissen Sie auch, warum Ihnen diese Tätigkeiten Freude machen? Wenn nein, warum eigentlich nicht? Warum sind den meisten von uns diese einfachen Handlungen so lästig geworden?

Wie schon beim Abwaschen, so läßt es sich auch bei diesen Tätigkeiten herrlich abschalten. Beobachten Sie einmal, wie still es in Ihrem Kopf wird, wenn Sie sich ganz dem Polieren eines Schuhs hingeben. Das ist der Zustand, den viele Menschen zu erreichen suchen, indem sie ihren Körper zwingen, stundenlang in einer unbequemen Haltung still zu sitzen. Nur: Dann heißt es Meditation und dient angeblich einem höheren Zweck.

Aber auch Schuhe putzen kann Meditation sein. Staub wischen auch. Und bügeln ebenfalls.

Und freuen Sie sich nicht außerdem über saubere Schuhe, staubfreie Regale oder glatte Hemden?

Auf Geistesschwingen

Die Schrift ist eine wunderbare Erfindung, denn dank ihr können wir an den Erlebnissen anderer Menschen (real existierender oder erdachter) in längst vergangenen oder zukünftigen Zeiten teilhaben.

Historische Romane bieten eine gute Gelegenheit, andere Welten kennenzulernen. Tauchen Sie ein in diese Welt, nehmen Sie die Symbole auf den Buchseiten nicht nur mit Ihren Augen, sondern mit allen Sinnen wahr.

Riechen Sie die Düfte im Palast der Kleopatra; schmecken Sie die Speisen, die Marco Polo am Hofe des großen Khans vorgesetzt wurden; hören Sie die Klänge, die die Ureinwohner Amerikas hörten, als sich ihnen die fremden Schiffe näherten; fühlen Sie die Aufregung, die den jungen Artus erfaßte, als er seine Ginevra zum ersten Mal in den Armen hielt; schauen Sie über die endlosen Weiten der afrikanischen Wüste, durch die Lawrence von Arabien ritt.

Fliegen Sie auf den Schwingen des Geistes hinaus aus der kleinen Welt, die Sie kennen, hinein in die große Welt des Möglichen und Vorstellbaren. Und wenn Sie ganz besonders mutig sind, fliegen Sie weiter in Welten, die unmöglich und daher auch nicht vorstellbar zu sein scheinen.

Mit Hand und Herz

Haben Sie vor, noch schnell einen Brief an Ihre beste Freundin zu tippen? Wollen Sie Ihrem Kumpel noch schnell eine Ansichtskarte aus dem Urlaub schicken?

Warum denn schnell? Lassen Sie sich doch Zeit, und schreiben Sie den Brief oder die Karte mit der Hand. Holen Sie Ihren besten Füller hervor; wählen Sie ein besonders schönes Papier oder eine Karte mit einem ausgefallenen Motiv aus; betasten Sie das Papier, damit Ihr Geruch darauf kleben bleibt; schließen Sie die Augen; leeren Sie Ihren Geist, und lassen Sie die Worte einfach zu sich kommen.

Schreiben Sie vom Herzen her, nicht vom Kopf aus. Berichten Sie Ihrer besten Freundin von sich und Ihren Gefühlen, nicht von anderen Menschen und deren Problemen; erzählen Sie ihr, wie die ungewohnte Umgebung auf Sie wirkt, was Sie vermissen und was Sie entdeckt haben. Teilen Sie Ihrem Kumpel keine Fakten mit, die Sie aus der Zeitung oder dem Fernsehen haben, auch keine Gerüchte, die Sie in der Bar aufgeschnappt haben, sondern das, was Ihr Herz bewegt, das, was Sie froh macht, und das, was Sie zum Weinen bringt.

Teilen Sie sich den Menschen, die Ihnen etwas bedeuten, mit. Teilen Sie Ihr Leben mit ihnen. So wie Sie aus dem Schreiben eines einfachen Briefes ein Ritual machen können, das Sie erfüllt und Ihnen und dem Empfänger Freude bereitet, so können Sie jede Handlung des täglichen Lebens in ein Ritual verwandeln und ihr so einen tieferen Sinn verleihen.

Liebe ist das einzige,
was nicht weniger wird,
wenn wir es verschwenden.

Ricarda Huch

Grosser Elefant, kleine Eidechse

Das Glück kennt viele Wege, sich in die Herzen der Menschen zu schleichen. Aber viele von uns schließen es immer wieder aus, weil sie das Glück nicht einfach so annehmen können, wie es ist. Statt dessen wollen wir, daß es in einer bestimmten Form zu uns kommt – in einer Form, die wir erkennen können, weil wir es uns so vorgestellt haben. Aber so ist das Glück nicht. Es will angenommen werden, so wie es ist, nicht wie es sein soll.

Wer das Glück in eine bestimmte Form pressen will, dem entzieht es sich. Wer es von äußeren Umständen, spirituellen Praktiken, sexuellen Abenteuern oder Reisen in ferne Länder abhängig macht, der erdrückt es, denn es möchte sich auch im Schlagen der Flügel eines Schmetterlings ausdrücken oder im brandigen Geruch des Herbstes, im Klang fallender Blätter und in den vielen Grün- und Brauntönen der Bäume und Gräser.

Glück ist meistens nichts Spektakuläres und kann nicht angemessen durch Superlative beschrieben werden. Glück ist eine ganz stille Angelegenheit und wächst im verborgenen heran, bis es fast unmerklich unser ganzes Leben verwandelt hat und uns durch keine äußeren Umstände mehr genommen werden kann.

Viele Menschen jagen dem Glück hinterher wie der Großwildjäger dem Elefanten und hetzen dabei achtlos an ihm vorbei, weil es sich ganz unauffällig als kleine Eidechse getarnt hat, die sich in der warmen Sonne räkelt. In ihrer Suche nach dem Glück zertrampeln diese Menschen alles, was sich ihnen in den Weg stellt, weil es nicht ihrer Vorstellung von Glück entspricht. Und wenn der Elefant dann erlegt und das Erinnerungsfoto geschossen ist, dann stellt der Jäger wieder einmal ernüchtert fest, daß er durch den Tod des großen Elefanten kein bißchen glücklicher geworden ist.

Und die kleine Eidechse? Die hat sich längst in ihre Höhle zurückgezogen, weil es ihr zu kalt wurde.

Auf dem Marktplatz

Wenn sich in der Nähe Ihres Wohnortes oder Ihres Arbeitsplatzes ein Markt befindet, kaufen Sie doch lieber dort ein statt im Supermarkt, selbst wenn dieser näher gelegen sein sollte. Lassen Sie sich Zeit beim Einkaufen, seien Sie wählerisch. Alles, was Sie hier kaufen und später essen, wird zu einem Teil Ihrer selbst werden. Genießen Sie alles, was Sie sehen: die Farben und Gerüche, die Klänge und Formen.

Unterhalten Sie sich mit den Verkäufern. Loben Sie sie für die Qualität ihres Gemüses, und bedanken Sie sich bei ihnen dafür, daß sie es bei jedem Wind und Wetter zu Ihnen bringen. Fragen Sie sie ruhig, woher die Eier und das Obst stammen. Erkundigen Sie sich, ob die Hühner Auslauf haben und ob die Erdbeeren gespritzt sind.

Nehmen Sie das Gemüse in die Hand, bevor Sie es kaufen. Ertasten Sie es, riechen Sie auch ruhig daran, und entscheiden Sie sich erst dann für etwas, wenn alle Ihre Sinne einverstanden sind. Bitten Sie darum, Kirschen oder Zwetschgen kosten zu dürfen. Was für den Verkäufer süß ist, kann für Sie durchaus sauer sein.

Kaufen Sie nichts auf die schnelle. Wenn wir uns etwas einverleiben und es so zu einem Teil von uns selbst machen, sollten wir immer nur das Beste in uns hineinlassen. Das gilt für jede Nahrung, die wir zu uns nehmen, unabhängig davon, wie wir sie in uns aufnehmen. Wir haben das Beste verdient: das, was uns wahrhaft nährt und uns auf unserem Lebensweg unterstützt; das, was uns erhebt und beflügelt; das, was uns wahrhaft zu Menschen werden läßt.

Wir haben Sie bisher gebeten, verschiedene Meditationsformen und Gedankenübungen auszuprobieren. Machen Sie heute doch bitte einmal folgendes Experiment: Wählen Sie eine Tätigkeit aus, die Sie schon tausendmal ausgeführt haben und die Ihnen keinen besonderen Spaß macht – zum Beispiel staubsaugen. Führen Sie sie nun auf Ihre übliche Weise aus. Beobachten Sie, wie Sie sich fühlen, während Sie dies tun, und wie Ihnen hinterher zumute ist.

Lassen Sie nun einige Zeit vergehen, in der Sie sich entspannen, und führen Sie diese Tätigkeit dann erneut aus. Aber dieses Mal achten Sie beim Staubsaugen ganz bewußt auf Ihre Körperhaltung und Ihre Atmung. Wo verspannen Sie sich? Wo tut Ihnen etwas weh? In welcher Haltung fühlt sich das Staubsaugen leicht und entspannt an? Wie tief geht Ihr Atem? Bleibt er schon in der Mitte der Brust stecken, oder können Sie ihn bis in den Bauch hinein spüren? Verändert sich Ihr Atem, wenn Sie Ihre Haltung oder Ihr Tempo verändern? Verändert sich der Rhythmus Ihres Atems, wenn Sie den Rhythmus Ihrer Arbeit variieren?

Nehmen Sie auch die Muster wahr, die der Staubsauger auf dem Teppich hinterläßt; nehmen

Sie sich die Zeit, Ihr Werk in Ruhe zu betrachten und die Sauberkeit zu genießen. Wie fühlen Sie sich jetzt? Wie fühlt sich Ihr Körper an? Sind Sie erschöpft oder zufrieden? War das Staubsaugen nur eine lästige Pflicht, oder hat es Ihnen sogar Freude bereitet?

Wenn es überhaupt ein Geheimnis des Glücks gibt, dann läßt es sich so formulieren:

Tun Sie alles, was Sie tun, mit voller Aufmerksamkeit und bei vollem Bewußtsein.

Legen Sie Ihr Herz, Ihren Verstand und Ihre Seele in jede – auch die kleinste und scheinbar unbedeutendste – Handlung.

Das ist das Geheimnis des Glücks – und übrigens auch des Erfolgs.

Zeitreisende

Haben Sie Lust auf eine kleine Zeitreise? Das ist wahrscheinlich einfacher, als Sie denken. Nehmen Sie einfach ein paar alte Fotos zur Hand, die Sie als Kind, als Teenager und als jungen Erwachsenen zeigen. Benutzen Sie die Fotos als Reiseführer, und gehen Sie in der Zeit zurück. Fühlen Sie, wie Ihr Körper jünger und kleiner wird, während Ihre Gedanken gegen den Fluß der Zeit anschwimmen.

Der kleine dünne Junge in der viel zu großen Badehose – das waren Sie. Das pausbäckige Mädchen im Rüschenkleidchen, das kaum über den Tisch schauen konnte – das waren Sie. Zwar hat sich Ihre äußere Erscheinung gewandelt, und Ihre Erfahrungen, Ihre Einstellungen und Ihre Vorlieben haben sich verändert – aber irgendwo in Ihrer Erinnerung lebt der kleine Junge oder das kleine Mädchen und bestimmt, was Sie jetzt tun.

Schauen Sie sich ein winterliches Foto an. Können Sie jetzt die beißende Kälte des Winters auf Ihrer Haut spüren? Können Sie Erfahrungen erwachen lassen, indem Sie an eine längst vergangene Situation denken?

Schauen Sie sich ein Foto an, auf dem Sie mit dem Menschen, den Sie damals liebten, abgebildet sind. Können Sie die Liebe, die Sie damals fühlten, irgendwo in Ihrem Herzen wiederfinden? Keine

Liebe geht jemals verloren; kein Mensch, der unseren Körper mit uns geteilt hat, ist jemals ganz aus unserem Leben verschwunden; kein Wort, das wir jemals gesagt haben, kann ungesagt gemacht werden; kein Lächeln wurde umsonst gelächelt; keine Wunde, die nicht ihre Narben hinterlassen hat.

Zeitreisen erinnern uns daran, daß sich alles ändert; daß nichts so bleibt, wie es ist; daß alles vergeht: das, was wir als schlecht empfinden, aber auch das, was wir als gut wahrnehmen. Was bleibt, ist nur die Erinnerung – und selbst die verändert sich im Lauf der Zeit immer mehr, bis sie eines Tages so entstellt ist, daß sie mit dem ursprünglichen Geschehen gar nichts mehr gemein hat.

Kein Anschluss unter dieser Nummer

Haben Sie einen Anrufbeantworter? Wie wäre es, wenn Sie ihn heute einmal nicht anstellen würden? Ist es denn wirklich so schlimm, wenn Sie einmal einen Tag lang nicht ständig erreichbar sind?

Ihre Freunde werden es sicherlich morgen noch einmal versuchen und Ihre Geschäftspartner auch. Und wenn Sie es nicht tun, war ihr Anruf wahrscheinlich sowieso keinen Rückruf wert.

Lebenswert

Für uns ist das Leben lebenswert, wenn wir jeden Tag
etwas getan haben, das wir noch nie gemacht haben,
etwas ausprobiert haben, das wir uns noch nie getraut haben,
etwas gesehen haben, das uns noch nie aufgefallen war,
etwas gehört haben, das wir bisher immer überhört haben,
etwas gerochen haben, das wir noch nie bewußt wahrgenommen haben,
etwas geschmeckt haben, das wir bisher tausendmal achtlos heruntergeschluckt haben,
etwas berührt haben, das unsere Fingerspitzen zum Kribbeln brachte.

Je mehr wir loslassen, desto mehr wird uns geschenkt

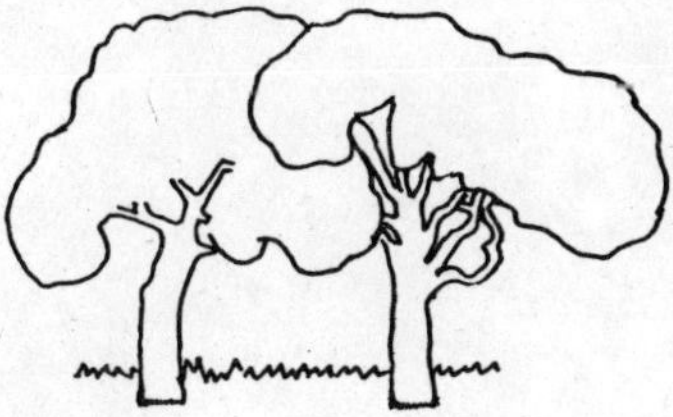

So kostbar

Wir Menschen sehnen uns nach Beständigkeit und Sicherheit, obwohl es – wie uns unsere Sinne ständig bestätigen – keine Sicherheit geben kann, da sich alles ununterbrochen wandelt.

Es ist zwar gut gemeint, wenn uns ein Freund zum Abschied wünscht: «Bleib so, wie du bist», aber der Wunsch würde sich schnell in einen Fluch verwandeln, wenn wir tatsächlich so bleiben würden, wie wir sind. Zum einen wären wir dann immer Babys geblieben und hätten nie angefangen zu wachsen. Aber wir würden auch geistig und emotional nicht reifen und uns weiterentwickeln können. Mit fünfzig würden wir immer noch unter dem melodramatischen Weltschmerz eines Teenagers leiden!

Eine unabdingbare Voraussetzung des Glücks ist die Erkenntnis, daß wir nichts festhalten können. Wenn wir verstanden haben, daß uns alles, was wir jetzt lieben und schätzen, jederzeit wieder genommen werden kann – auch und vor allem unser Körper –, lieben und schätzen wir es um so mehr. Dann wird jeder Atemzug, den wir in uns aufnehmen dürfen, ein kostbares Geschenk; dann wird jedes Lächeln ein Wunder, das die Welt erhellt; dann wird jedes liebe Wort unser Herz zum Singen bringen.

Glück und innerer Friede

Jeder Mensch sehnt sich danach, glücklich zu sein und einen Zustand inneren Friedens zu erfahren. Das kann uns aber nicht gelingen, solange wir uns darum bemühen, denn weder Glück noch innerer Friede lassen sich erzwingen. Sie können eingeladen werden, aber nicht dazu gezwungen werden, auch tatsächlich zu erscheinen. Das Herz kann nur bereit sein, ihnen die Tür zu öffnen, wenn sie läuten.

Die größten Glücksmomente dürfen wir immer in den Augenblicken erleben, in denen wir uns selbst – und unser Streben nach Glück – ganz vergessen, in denen wir aufgehen in der großen Einheit, in der sich alles Leben abspielt.

Vielleicht haben auch Sie schon einmal eine Erfahrung wie die folgende erlebt: Sie sind ganz mit Ihrem Kummer beschäftigt und wissen nicht mehr ein noch aus, weil sich in Ihrem Kopf alles dreht. Schließlich geben Sie verzweifelt auf und ergeben sich dem Lauf der Dinge. Und genau in diesem Moment überkommt Sie ein tiefer Friede, ein wunderbares Gefühl des Einverstandenseins.

Dieser Zustand tritt auch im Augenblick des Todes ein, in dem der sterbende Mensch endlich versteht, daß er gegen etwas kämpft, das unvermeidlich ist und vor dem er sich eigentlich nicht zu fürchten braucht. Fast alle Menschen, die Zeit zum Sterben haben, lächeln, wenn dieser Augenblick gekommen ist. Aber um zu lächeln, bedarf es einer Anstrengung, denn es müssen viele kleine Muskeln bewegt werden, um die Mundwinkel nach oben zu ziehen. Wäre Sterben nur resigniertes Erschlaffen, würden die Mundwinkel mit dem Unterkiefer nach unten fallen. Aber sie ziehen sich in einer letzten bewußten Geste nach oben und verwandeln das eben noch von Leiden und Schmerz gezeichnete Gesicht in ein Antlitz freudigen Einverstandenseins.

Vielleicht haben Sie auch schon einmal die folgende Erfahrung gemacht: Sie sind unruhig, unzufrieden, schlecht gelaunt, und niemand kann es Ihnen recht machen. Da passiert etwas Dramatisches, und Sie müssen blitzschnell eine Entscheidung treffen, um einem anderen Menschen zu helfen oder sich selbst vor einer Gefahr zu bewahren. Und plötzlich ist Ihre schlechte Laune wie weggeblasen. Dabei haben sich doch die Gründe, weshalb Sie so unzufrieden mit sich selbst und anderen waren, überhaupt nicht verändert. Sie haben nur Ihre Probleme – und Ihre Persönlichkeit – einen Moment lang vergessen und sind eingetreten in das Reich Ihres wahren Wesens, in dem es weder Vergangenheit noch Zukunft gibt und in dem Sie spontan handeln und völlig in dem aufgehen, was Sie gerade tun.

Aber in diesem Zustand des ewigen Jetzt befinden sich nur die wenigsten Menschen. Statt dessen werden wir häufig von der Angst geplagt, daß es uns in Zukunft nicht gutgehen könnte, daß wir unglücklich sein werden, weil wir vielleicht krank oder möglicherweise arbeitslos werden könnten, weil wir unter Umständen keinen Erfolg im Beruf oder beim anderen Geschlecht mehr haben könnten, weil andere eventuell über uns lachen oder unsere Kinder uns Probleme bereiten könnten.

Das Dumme an der Sache ist nur, daß wir Angst vor der Zukunft haben, sie aber in der Gegenwart erleben. Und das heißt, die Angst vor *möglichen* Problemen in der Zukunft macht uns unser Leben *jetzt* kaputt.

Die Zukunft kommt gewiß. Angst vor der Arbeitslosigkeit wird diese nicht verhindern, und Angst vor Krankheit wird uns nicht gesünder werden lassen. Das Gegenteil ist der Fall. Je mehr wir uns ängstigen, desto mehr sorgen wir dafür, daß unsere Ängste auch wahr werden, denn das, mit dem wir uns am meisten beschäftigen, wird zu unserer Realität.

Himmel oder Hölle?

Die Angst vor der Zukunft, die uns das freudige Erleben der Gegenwart unmöglich macht, stammt aus der Vergangenheit – aber nicht aus der Vergangenheit, wie sie tatsächlich abgelaufen ist, sondern aus der, an die wir uns erinnern. Und diese beiden Vergangenheiten können sich so sehr unterscheiden, daß es kaum zu glauben ist, daß es sich um dieselbe handeln soll.

Aus dem teuren Weihnachtswunsch, der dem Kind nicht erfüllt wurde, wird möglicherweise die Erinnerung «Ich habe nie das bekommen, was ich mir wirklich wünschte»; aus der gehässigen Bemerkung einer Spielkameradin, die uns als Sechsjährige tief verletzt hat, wird die Überzeugung: «Die anderen Kinder haben mich sowieso nie gemocht»; aus der Erfahrung, körperlich kleiner zu sein als die älteren Geschwister und die Eltern, wird die fatalistische Grundeinstellung «Ich bin denen da oben und ihren Launen hilflos ausgeliefert und kann nichts dagegen tun».

Umgekehrt werden auch Rückschlüsse von der Gegenwart auf die Vergangenheit gezogen. Weil eine Frau eine unbestimmte Angst vor Männern hat, vermutet sie, daß sie als Kind vergewaltigt worden sein muß, dies aber erfolgreich verdrängt habe. Weil ein Mann auf Frauen mit großen Brüsten steht, geht er davon aus, daß er sich als Kind eine inzestuöse Beziehung mit seiner Mutter wünschte, deren Brüste – ganz gleich wie groß sie wirklich waren – einem kleinen Kind natürlich groß vorkommen müssen. Das wäre nicht weiter schlimm, wenn nun nicht im nachhinein die Beziehung zum Vater oder die zur Mutter darunter leiden würde.

Wir können in unserer Vergangenheit herumwühlen, soviel wir wollen, und werden in der Gegenwart doch nicht glücklicher werden. Wir können vergangene Verletzungen bis zur Erschöpfung aufarbeiten und werden dadurch doch nicht freier und fähiger werden, die Gegenwart direkt wahrzunehmen. Wir können uns in «vergangene» Leben zurückführen, uns hypnotisieren und therapieren lassen, aber wir werden dadurch nicht zufriedener und erfüllter werden.

Jeder von uns ist zu sehr verletzt worden, um jede einzelne Verletzung herausfinden und aufarbeiten zu können. Aber wir können uns mit dem Teil von uns verbinden, der niemals verletzt werden kann, weil er unverletzlich ist. Wir können den Teil in uns anerkennen, der nicht unglücklich sein kann, weil er immer im Zustand paradiesischen Glücks lebt. Und dieser Teil meldet sich immer dann zu Wort, wenn das unaufhörliche Selbstgespräch des Verstandes einmal aufgehört hat. Er spricht mit der Stimme des Herzens zu uns.

Die Heilung der Verletzungen der Vergangenheit, die ja eigentlich dazu dienen soll, uns den Genuß der Gegenwart zu ermöglichen, kann sich verselbständigen und so zum eigentlichen Lebenszweck werden. Denn immerhin wissen wir bei dem, was vorbei ist, wenigstens, womit wir es zu tun haben und brauchen uns auf keine Abenteuer einzulassen. Und wie das Sprichwort sagt, ziehen die meisten Menschen das Bekannte, auch wenn es noch so schrecklich ist, dem Unbekannten vor, auch wenn dieses noch so wunderbar sein mag.

Es heißt, die Vergangenheit trage den Samen der Zukunft in sich. Wenn wir uns zu sehr mit der Vergangenheit beschäftigen, verpassen wir nicht nur die Gegenwart, sondern verbauen uns auch noch die Zukunft. Die Vergangenheit ist, wie sie war. Daran wird sich nichts ändern. Allein die Gegenwart reagiert auf uns; nur sie können wir beeinflussen. Wie wir sie wahrnehmen, entscheidet darüber, ob wir im Himmel oder in der Hölle leben.

Es gibt einen Ort in deinem Herzen,
von dem ich weiß, daß dort die Liebe wohnt.
An diesem Ort
ist kein Platz für Schmerz oder Trauer.

aus: Michael Jackson,
«Heal the World»

Leben ohne Garantie

Angst ist immer Angst vor der Zukunft, vor dem, was wir noch nicht kennen. Und so tasten wir uns in unsere Zukunft hinein wie eine Maus, die sich in ein fremdes Territorium verirrt hat: immer bereit, schnell umzudrehen und davonzulaufen, falls es doch zu gefährlich werden sollte.

Angst ist ein Dämon, der uns besitzt und der uns das Leben zur Hölle macht. Er lebt ausschließlich in unserem Kopf und hat außerhalb unserer Gehirnwindungen keine Realität. Denn warum sollen wir uns eigentlich vor etwas fürchten, das wir überhaupt noch nicht kennen?

Natürlich kann jederzeit alles mögliche passieren. Das Leben ist so zerbrechlich, daß es jeden Augenblick vorbei sein kann. Aber warum sollten wir Angst vor dem Unausweichlichen haben? Warum sollten wir uns vor dem Tod fürchten? Nur weil noch keiner aus dem Land jenseits des Lebens zurückgekommen ist und uns einen Garantieschein gegeben hat, auf dem steht, daß dort alles in Ordnung und ganz wunderbar ist?

Angst hindert uns am Leben. Wir können sie nicht überwinden, indem wir sie bekämpfen. Wir können sie nur annehmen. Dann verliert sie ihre Macht über uns.

Ein Leben ohne Angst ist ein Leben in völliger

Freiheit. Nur der Mensch ist frei, der sich nicht sorgt, sondern darauf vertraut, daß alles, was ihm geschieht, seinen Sinn hat. Unser Leben liegt in Gottes Hand, und dort liegt es gut.

Wenn Sie auf Ihr Leben zurückschauen, erkennen Sie, daß vieles von dem, was Ihnen zunächst angst gemacht hat, sich später als Chance herausgestellt hat. Unsere größten Probleme sind nämlich auch unsere größten Möglichkeiten.

Wenn Sie Angst spüren, denken Sie «Möglichkeit». Wenn Sie sich verstecken möchten, zeigen Sie sich. Wenn Sie glauben, daß alle gegen Sie sind, vertrauen Sie darauf, daß Ihre Verbündeten nur darauf warten, sich Ihnen zeigen zu dürfen.

Weil wir uns ständig mit der Zukunft beschäftigen, entgeht uns der Genuß der Gegenwart. Wir hoffen immer darauf, später einmal noch glücklicher, noch gesünder, noch erfolgreicher, noch muskulöser, noch intelligenter, noch begehrenswerter zu sein, als wir es heute sind.

Weil wir so häufig in der Vergangenheit schwelgen, verpassen wir den einzigen Zeitraum, in dem sich unser Leben wirklich ereignet: die Gegenwart. Wir erinnern uns so oft an vergangene Schrecken und an gewesene Freuden, daß uns überhaupt kein Platz bleibt für das, was es jetzt zu erleben gilt.

George Eliot, die eigentlich Mary Ann Evans hieß, aber ihre Bücher im viktorianischen England unter einem männlichen Pseudonym veröffentlichen mußte, schrieb folgende Zeilen: «Wenn unsere Sinne dem alltäglichen Leben gegenüber geschärft wären, würden wir das Gras wachsen und das Herz des Eichhörnchens schlagen hören, und wir müßten an dem Tosen, das auf der anderen Seite der Stille lebt, sterben. Aber so laufen die Schnellsten von uns in gut gepolsterter Dummheit umher.»

Lebensgenuß und Glück stellen sich erst dann ein, wenn wir mit all unseren Sinnen in der Wirklichkeit sind, wenn wir uns nicht länger von den Phantomen der Vergangenheit und Zukunft den Blick auf die Gegenwart verstellen lassen.

In dieser Stunde hörte Siddhartha auf,
mit dem Schicksal zu kämpfen, hörte auf zu leiden.
Auf seinem Gesicht blühte die Heiterkeit des Wissens,
... das einverstanden ist mit dem Fluß des Geschehens,
... voll Mitleid, voll Mitlust,
dem Strömen hingegeben, der Einheit zugehörig.

aus: Hermann Hesse,
«Siddhartha»

Das Rad des Wandels

Es ist unmöglich, in einer Welt, die sich ständig – und immer schneller – verändert, dauerhafte Befriedigung in äußeren Dingen zu finden: Kaum haben wir den Traumjob gefunden, geht die Firma in Konkurs; kaum haben wir uns das Auto gekauft, das wir schon immer haben wollten, wird es uns gestohlen; kaum haben wir das Vitaminpräparat entdeckt, durch das wir uns wie Supermann oder Superfrau fühlen sollen, wird schon bekannt, daß es ernsthafte Nebenwirkungen hat.

Sobald wir etwas entdecken, von dem wir glauben, daß es uns glücklich macht, werden wir schon mit Informationen überhäuft, die beweisen, daß es gar nicht gut für uns ist. Kaum haben wir uns so verändert, daß wir uns den äußeren Umständen erfolgreich angepaßt haben, verändern sich diese äußeren Umstände plötzlich, und wir fallen wieder ins Leere – und mit uns unsere überholten Überlebensstrategien.

Glück läßt sich niemals in der Beständigkeit finden, sondern nur im Wandel. Glück lebt nicht von der Sicherheit, sondern vom Anerkennen der Unsicherheit.

Solange wir glauben, Besitz, Erfolg oder der Traumpartner könnten uns glücklich machen, werden wir immer unglücklich sein und leiden. Denn dieses Leiden hat seine Ursache in dem Wunsch, etwas haben zu wollen und es zu behalten. Aber nichts kann wirklich besessen werden. Auf der Suche nach Glück ähneln wir einem Menschen, der am Strand kniet, mit seinen Händen Wasser schöpft und aus Leibeskräften ruft: «Ich besitze das Meer! Ich besitze das große Meer! Seht doch, ich halte es in meinen Händen!» Noch während er ruft, rinnt ihm das Wasser durch die Finger, und kein Versuch, es zu halten, wird ihm den erwünschten Erfolg bescheren.

Wer glücklich sein will, muß vor allem eines tun, nämlich seine Widerstände gegen das Glück aufgeben. Während der eine am Strand kniet und das Meer des Glücks besitzen will, springt der andere einfach hinein, taucht unter, schwimmt umher und läßt sich von der Strömung des Glücks dorthin tragen, wo sie hin möchte.

Es heißt, die Vorfahren der heutigen Delphine hätten vor langer Zeit das Land verlassen und wären ins Meer zurückgekehrt. Vielleicht haben sie festgestellt, daß sich das Glück nicht finden läßt, indem man mehr und immer mehr Besitz an sich rafft und stets die neuesten Dinge haben muß, indem man konsumiert und die Welt seinen Bedürfnissen anpaßt. Vielleicht haben sie sich bewußt gegen die Jagd nach Glück entschieden und beschlossen, einfach glücklich zu sein.

Einzigartig

Wir können niemals durch äußere Dinge befriedigt werden, weil unsere Sehnsüchte innere Bedürfnisse sind, die auch nur von innen und aus uns selbst heraus erfüllt werden können.

Wenn ich unter einem schwachen Selbstwertgefühl leide, wird dieses auch noch da sein, wenn ich Erfolg habe, denn es wird immer jemanden geben, mit dem ich mich vergleichen kann und der mehr Erfolg hat als ich, der besser ist, der schneller ans Ziel gekommen ist oder der sich besser verkaufen kann. Diese Liste könnte endlos fortgesetzt werden. Und selbst wenn ich heute der Größte bin, kann ich morgen schon wieder einer von vielen Mittelmäßigen sein.

Solange wir unser Selbstwertgefühl davon abhängig machen, wie gut wir im Vergleich zu anderen abschneiden, haben wir schon von vornherein verloren. Jeder Mensch ist einzigartig und leistet seinen unverwechselbaren Beitrag zur Gesellschaft, in der er lebt, und zum Universum, in das er eingebettet ist.

Menschen sollten nicht miteinander verglichen werden, denn jeder Mensch ist ein einmaliger und unwiederholbarer Versuch des Universums, sich auszudrücken. Jeder Mensch ist die Schnittstelle unbeschreiblicher kosmischer Energien, die in dieser Form nie wieder zusammentreffen werden – auch nicht in einer Milliarde Jahren.

Jeder Mensch ist ein Experiment des Lebens auf dem Weg zur Vollendung; jeder Mensch ist eine Stufe auf der Leiter der Evolution, die heim zu Gott führt.

Vergleichen Sie sich nicht mit anderen Menschen. Sie sind, wie Sie sind, und das aus gutem Grund. Finden Sie diesen Grund heraus, und tragen Sie dazu bei, daß die Welt schöner und heller wird. Jeder Mensch trägt etwas ganz Einzigartiges zur Welt bei. Daher werden auch Sie gebraucht – von Ihrer Familie und Ihren Freunden, von Menschen, die Sie kennen, und von anderen, denen Sie niemals begegnen werden.

Aber am allermeisten werden Sie von Gott gebraucht, denn Sie sind ein Teil von «Ihm», und ohne Sie ist «Er» nicht vollkommen.

Viel reicher

Kein Mensch kann einen anderen glücklich machen. Das ist die schlechte Nachricht. Die gute ist: Kein Mensch kann einen anderen unglücklich machen.

Glücklichsein und Unglücklichsein sind ja keine Fakten, sondern gefühlsmäßige Reaktionen auf das, was uns zustößt. Das, was den einen verletzt, läßt den anderen kalt. Das, was den einen in den siebenten Himmel hebt, ist dem anderen nicht weiter wichtig. Die Gefühle von Glücklichsein oder Unglücklichsein basieren nicht wirklich auf dem, was der andere Mensch ist oder uns antut, sondern auf dem, was wir von ihm erwarten, was wir uns erhoffen, wovon wir träumen.

Unser Glück und Unglück entsteht nicht «dort drüben» beim Partner, sondern «hier drinnen» in uns. Was der Partner aussendet, kommt eigentlich nie in seiner reinen Form bei uns an, sondern nur auf äußerst verstümmelte Weise. Manche unserer Partner strengen sich nach Leibes- und Herzenskräften an, aber dennoch können wir ihre Liebe nicht annehmen. Andere hingegen brauchen überhaupt nichts zu tun, und trotzdem lieben wir sie bis zur Besinnungslosigkeit.

Wenn unser Partner unsere Erwartungen erfüllt, sagen wir über ihn, «er macht mich glücklich» – obwohl er vielleicht gar nichts dazu beigetragen hat. Nur: Das Kuscheln in seinen starken Armen bringt uns nun einmal um den Verstand. Erfüllt unsere Partnerin unsere Hoffnungen nicht, sagen wir von ihr, «sie macht mich so unglücklich» – obwohl sie sich bemüht, uns jeden Wunsch von den Augen abzulesen. Aber: Ihre Stimme erinnert uns nun einmal an unsere erste Freundin, die uns vor Jahren von einem Tag auf den anderen verlassen hat.

Diese Einstellung reduziert unsere Partner darauf, uns zu helfen, unsere Erinnerungen aus der Vergangenheit als gegenwärtiges Erleben zu zementieren. Und je starrer unser Denken und Fühlen wird, desto mehr mauern wir das Leben ein, bis wir es irgendwann ganz totgedrückt haben. Und dann jammern wir darüber, wie unglücklich uns der Partner gemacht hat.

Wenn wir aufhören, bestimmte Dinge von unserem Partner zu erwarten oder sie gar zu verlangen, können wir endlich anfangen, die Geschenke des anderen anzunehmen. Dies wird uns viel reicher machen, als wir es uns jemals hätten träumen lassen.

Glück in der Partnerschaft kann nur dann entstehen, wenn wir unseren Partner genau so lieben und annehmen, wie er ist. Jeder Mensch will um seiner selbst willen geliebt werden, und wenn er merkt, daß er gar nicht wirklich gemeint ist, sondern daß er in ein Bild hineinwachsen soll, das sein Partner von ihm hat, wird er – unbewußt, aber deswegen nicht minder effektiv – alles tun, um die Beziehung zu sabotieren.

Wenn wir unseren Partner nicht bedingungslos so akzeptieren können, wie er ist, bleibt es uns immer vorbehalten, uns von ihm zu trennen. Aber wenn wir es ihm erlauben und ihn dabei unterstützen, so zu sein, wie er wirklich ist (und das kann sich ständig ändern, denn wer ganz akzeptiert wird, der verändert sich sehr schnell), dann ermöglichen wir ihm auch, uns so zu nehmen, wie wir sind.

Und das ist das größte Glück, das wir in einer Partnerschaft erleben können: einfach *sein* zu dürfen, bedingungslos angenommen und ohne Vorbehalte geliebt zu werden!

Gedankengespräch

Die folgende Gedankenübung dient dazu, die eigenen Gefühle gegenüber dem Partner zu klären und herauszufinden, warum wir ihn eigentlich lieben.

Legen Sie sich bequem auf den Rücken. Schieben Sie sich ein kleines Kissen unter den Kopf, damit sich die Nacken- und Schultermuskulatur entspannt und Sie dadurch klarer denken können.

Konzentrieren Sie sich nun auf etwas, das Sie an Ihrem Partner stört. «Ich finde es schrecklich, daß er seine Socken immer herumliegen läßt.» «Wenn sie bloß aufhören würde, immer gleich eingeschnappt zu sein, wenn ich einmal eine Stunde später nach Hause komme.» «Wenn er bloß nicht so jähzornig wäre.» «Ich kann es nicht ertragen, daß sie mich mit ihrem ersten Mann vergleicht.»

Richten Sie den Scheinwerfer Ihres Bewußtseins auf eine aktuelle Sache, und beleuchten Sie sie von allen Seiten. Beurteilen Sie nicht, ob Ihre Kritik «gerechtfertigt» ist oder nicht. Stellen Sie einfach fest, worüber Sie sich aufregen und was Ihnen an dem anderen nicht gefällt.

Nun versetzen Sie sich in die Lage Ihres Partners, und konzentrieren Sie sich darauf, wie Ihre Kritik auf ihn wirken würde. «Warum regt sie sich bloß darüber auf, daß ich meine Socken herumliegen lasse? Ich würde sie schon noch wegräumen.» «Warum kann er denn nicht anrufen, wenn er später nach Hause kommt? Ich möchte doch nur informiert werden.» «Es tut mir so gut, Dampf abzulassen! Damit ist die Sache sofort für mich erledigt, und ich kann mich wieder entspannen.» «Es erstaunt mich immer wieder, wie sehr er meinem ersten Mann gleicht. Ich bin manchmal ganz verwirrt und muß mit ihm darüber sprechen, weil ich sonst noch ganz verrückt werde.»

Richten Sie den Scheinwerfer Ihres Bewußtseins auf die mögliche Reaktion Ihres Partners, und beleuchten Sie sie von allen Seiten. Beurteilen Sie nicht, ob diese Reaktion «richtig» ist oder nicht. Stellen Sie sich einfach eine Reaktion vor.

Führen Sie nun in Gedanken ein Gespräch mit Ihrem Partner. Sprechen Sie dabei beide Rollen. Wenn es Ihnen hilft, sprechen Sie laut und auch mit verschiedenen Stimmen. Sie werden wahrscheinlich schnell erkennen, daß jeder Mensch Gründe für sein Verhalten hat, die ihm absolut logisch erscheinen, auch wenn sie dem anderen noch so unverständlich sein mögen. Diese Gründe liegen aber meistens nicht in der Gegenwart, sondern in der Vergangenheit. Im Grunde sind also gar nicht Sie selbst gemeint, sondern Sie dienen lediglich als Leinwand, auf die vergangene Erfahrungen projiziert werden können.

Ja!

Dem deutschen Philosophen Arthur Schopenhauer zufolge «gehört das Glück denen, die sich selbst genügen». «Denn», so meinte er weiter, «alle äußeren Quellen des Glücks sind ihrem Wesen nach äußerst ungewiß, fragwürdig, vergänglich und vom Zufall abhängig.»

Und über zweitausend Jahre vor ihm lehrte der griechische Philosoph Sokrates: «Damit der Geist das Licht erblicke statt der Dunkelheit, muß sich die ganze Seele von dieser wandelbaren Welt abwenden, bis ihr Auge lernt, die Wirklichkeit zu betrachten und die höchste Herrlichkeit, die wir das Gute nennen.»

Schopenhauer und Sokrates wußten, daß Glück nichts anderes ist als ein tiefes Annehmen des Lebens, ein Einverstandensein mit dem großen Plan, ein von Herzen kommendes «Ja!».

Wir haben Angst, das zu bekommen,
was wir uns wünschen, weil wir in dem Augenblick,
in dem wir das tiefste Glück empfinden,
auch mit der Möglichkeit des Verlustes
konfrontiert werden.

Daphne Rose Kingma

Oft glauben wir, einen Menschen deshalb nicht lieben zu können, weil er den Vorstellungen, die wir uns von unserem Traumpartner gemacht haben, nicht entspricht. Wir haben viele Menschen gefragt, ob sie einen Traummann oder eine Traumfrau haben, und was ihnen genau vorschwebt, wenn sie daran denken. Wir waren überrascht, wie spezifisch die Vorstellungen mancher Menschen waren. Einige hatten sich ihren Traumpartner bis in alle Einzelheiten ausgemalt: von der Größe und dem Gewicht über die Haar- und Augenfarbe bis hin zu Schulbildung und Einkommen wurde nichts dem Zufall überlassen.

Aber wer von uns kann solche Voraussetzungen erfüllen? Welches Mädchen ist schön genug, um mit den aufgedonnerten MTV-Models konkurrieren zu können? Welcher Junge hat schon einen solchen Traumkörper wie die California Dreamboys? Welche Frau ist schon intelligent genug? Welcher Mann klug oder reich genug?

Wie so oft glauben wir in unserer kindischen Arroganz auch in der Liebe und Partnerschaft, wir wüßten, was das Beste für uns ist, und schlagen die vielen Geschenke des Universums aus, weil wir sie gar nicht als Geschenke wahrnehmen.

Was aber hat Liebe mit der Größe oder Form

ihres Busens zu tun? Worin besteht der Zusammenhang zwischen Herzensgüte und seinem Bankkonto? Macht es mich glücklich, wenn sie dreißig Jahre jünger ist als ich? Muß er denn wirklich aussehen wie Robert Redford oder Brad Pitt, um ein erfülltes Leben mit mir zu führen?

Zu oft orientieren wir uns bei unserer Suche nach dem Traumpartner an Äußerlichkeiten, die niemals eine Garantie für eine glückliche Beziehung sein können. Oft stehen sie dieser sogar im Weg. Der Traummann oder die Traumfrau können sich in unseren Träumen tummeln, soviel sie wollen, nach dem Aufstehen sollten wir ihnen sofort zugunsten real existierender Menschen untreu werden.

Wenn wir uns in einem Zustand allumfassender Liebe befinden und dann ein Mensch in unser Leben tritt, staunen wir, wie unwichtig alle Äußerlichkeiten geworden sind. Ein Herz, das sich geöffnet hat, reagiert nämlich nur auf ein anderes Herz und nicht auf Muskeln, Rundungen oder schnelle Autos.

Nicht schlecht, nur schwierig

Wir leben nicht in schlechten Zeiten, sondern in schwierigen. Wir leben in einer Zeit, die uns die Grenzen unserer bisherigen Denk- und Lebensweise aufzeigt und uns Möglichkeiten des emotionalen, intellektuellen und spirituellen Wachstums in Hülle und Fülle bietet. Niemand hat uns jemals versprochen, daß das menschliche Dasein leicht oder ungefährlich ist. Jeder von uns hat bei seiner Geburt nur eine Gewißheit mit auf den Weg bekommen, nämlich die, daß keiner von uns das Leben überleben wird!

Wer glaubt, daß das, was gestern galt, auch morgen noch gelten wird, sperrt sich selbst in ein Gefängnis, aus dem ihn niemand befreien kann. Je mehr wir uns am Vertrauten festhalten und je stärker wir uns vor dem Unbekannten fürchten, desto unüberwindlicher werden die Mauern dieses Kerkers. Aber um aus diesem Gefängnis auszubrechen, brauchen wir die Mauern glücklicherweise nicht mühsam Stein um Stein so abzutragen, wie wir sie im Laufe des Lebens aufgebaut haben, wir brauchen nur die Tür aufzumachen und hinauszugehen. So fest die Mauern auch sein mögen, die Tür war nie verschlossen.

Wir leben inmitten einer Krise, die nicht nur individuelle Schicksale kennt, in der nicht nur ganze Nationen vom Untergang bedroht sind, sondern die gesamte Grundlage des menschlichen Lebens auf der Erde und damit wir alle. Deshalb muß auch jeder von uns umlernen und sich neu orientieren. Die Krücken, die uns gestern noch das Gehen ermöglicht haben, hindern uns heute am Laufen. Der Rucksack mit den Methoden und Ideologien, die uns gestern noch die alte Welt erklärt haben, drückt heute so schwer auf unsere Schultern, daß wir in der neuen Welt nie tanzen lernen werden.

Das, was du nicht losläßt,
entreißt dir die Welt am Ende doch.

aus: Bruce Springsteen,
«Human Touch»

Im freien Fall

Wir – und die Gesellschaft insgesamt – befinden uns im freien Fall. Das ist kein Wunder, denn Sicherheit gibt es nur auf dem Friedhof. Leben heißt nun einmal, Risiken einzugehen, bereit zu sein, sich ständig zu verändern, täglich ins Ungewisse hineinzuspringen, zu lernen, zu reifen und über sich selbst hinauszuwachsen.

Das ist allerdings unmöglich, solange uns das dafür notwendige Vertrauen fehlt und wir uns am Glauben an Althergebrachtes festklammern. Wer glaubt, er sei allein auf der Welt, von allen anderen Wesen getrennt und höre dort auf, wo die Luft auf seine Haut trifft, der sieht seine Mitmenschen nur zu leicht als Konkurrenten oder gar als Feinde. Und wer glaubt, das Leben sei ein unbarmherziger Kampf aller gegen alle, den nur der Stärkste gewinnt und in dem alle anderen untergehen, der hat allen Grund, sich vor der Zukunft zu fürchten.

Wer aber einmal verstanden hat, daß alle Menschen die gleiche Bestimmung haben und Mitreisende auf dem Weg zu Gott sind, der sieht nicht Katastrophen, sondern gemeinsam zu bewältigende Herausforderungen. Wer erkannt hat, daß das Leben ein großes Abenteuer ist, das nicht abgearbeitet, sondern genossen werden will, und daß der Mensch mehr ist, als sich unsere Schulweisheit träumen läßt, der wird die derzeit herrschende Unsicherheit als Möglichkeit des Wachstums begreifen können und gestärkt aus dieser Prüfung hervorgehen.

Überraschung!

Überraschen Sie sich heute einmal selbst, und tun Sie etwas, das Sie noch nie getan haben und normalerweise auch nicht tun würden.

Geben Sie dem nächstbesten Bettler statt der von ihm erhofften fünfzig Pfennig doch zehn Mark, und beobachten Sie, wie er und Sie selbst darauf reagieren.

Kaufen Sie Ihrer Frau, Partnerin oder Freundin Blumen, und bedanken Sie sich bei ihr für die Unterstützung, die sie Ihnen tagein, tagaus gewährt.

Gehen Sie heute abend im Dunkeln spazieren, und schauen Sie in die erleuchteten Wohnzimmerfenster Ihrer Nachbarn. Besser noch: Gehen Sie im Dunkeln im Wald spazieren, und schauen Sie zu den Sternen empor.

Rufen Sie Ihre Eltern an, und sagen Sie ihnen, daß Sie sie lieben (aber natürlich nur, wenn Sie sie auch tatsächlich lieben!).

Bringen Sie Ihrem Partner irgendein kleines Geschenk mit, und legen Sie es ihm auf das Kopfkissen.

Wenn Sie immer zuverlässig sind, seien Sie heute einmal unzuverlässig, und beobachten Sie, wie Sie selbst und andere Menschen darauf reagieren.

Wenn Sie normalerweise unzuverlässig sind, tun Sie genau das Gegenteil.

Grenzenlos

Wir wissen nicht, was in uns steckt und was wir können, solange wir uns selbst einschränken und uns einreden: «Das kann ich nicht!»

Woher wollen wir wissen, wozu wir fähig sind, wenn wir es nicht ausprobieren? «Ich kann ihr nicht vergeben, sie hat mir zu weh getan!» «Ich kann nicht darüber sprechen, weil ich sonst total zusammenbreche!» «Ich kann sie nicht um diesen Gefallen bitten, weil ich sonst mein Gesicht verlieren würde.» «Ich kann ihm nicht in die Augen sehen, weil ich nicht will, daß er mich weinen sieht!»

Wenn wir das Wort «können» durch «wollen» ersetzen, kommen wir der Sache schon näher. Es ist unsere freie Entscheidung, die Dinge zu tun, die uns glücklicher und zufriedener machen. Und es ist auch unsere freie Entscheidung, diese Dinge nicht zu tun. Wenn wir uns entscheiden möchten, müssen wir natürlich auch bereit sein, die daraus entstehenden Konsequenzen zu tragen.

Auf der körperlichen Ebene sind uns natürliche Grenzen gesetzt. Auch wenn wir es noch so sehr wollen und wie verrückt mit den Armen schlagen, werden wir nicht fliegen können. Aber im Bereich des Geistes und der Gefühle existieren nur die Beschränkungen, die wir uns selbst auferlegen.

Und die Grenzen, die wir errichtet haben, die können wir auch wieder abbauen.

Wir fragen uns:
«Wer bin ich denn eigentlich,
daß ich leuchtend, hinreißend, begnadet
und phantastisch sein darf?»
Aber wer sind Sie denn,
daß Sie das nicht sein dürfen?

Nelson Mandela

Glücklich

Wir sind dann ganz glücklich,
wenn wir an diesem Tag etwas getan haben, das uns selbst überrascht,
wenn wir uns selbst und einem anderen Menschen an diesem Tag eine besondere Freude gemacht haben,
wenn wir an diesem Tag über unseren eigenen Schatten gesprungen sind,
wenn wir an diesem Tag grundlos gelächelt haben,
wenn wir einander an diesem Tag bedingungslos geliebt haben,
wenn wir jemandem, den wir nicht kannten, an diesem Tag geholfen haben,
wenn wir an diesem Tag etwas, von dem wir glaubten, es gehöre uns, freudig losgelassen haben.

Glück und Demut

Glück und Demut sind untrennbar miteinander verbunden. Sie sind sozusagen eineiige Zwillinge. Aber Demut ist heute bei vielen Menschen schon fast zum Schimpfwort verkommen. Wer demütig ist, der ist dumm – so die gängige Meinung –, weil er nicht einfordert, was ihm zusteht. Wer nicht um seinen Anteil am großen Kuchen kämpft, der hat selber schuld, daß er nicht reich ist. Wer nicht laut aufschreit, wenn er glaubt, daß ihm Unrecht widerfährt, der ist eigentlich schuldiger als der, der das Unrecht begeht.

Demütig zu sein heißt für uns aber nicht, den Mund zu halten, Unrecht hinzunehmen und zu buckeln, sondern anzuerkennen, daß sich unser kleines individuelles Leben innerhalb eines größeren Rahmens vollzieht, dessen ganzes Ausmaß wir nicht überblicken können. Wir vertrauen darauf, daß wir letzten Endes alles bekommen, was wir brauchen; wir vertrauen darauf, daß der Kosmos ein Ort des Überflusses ist und nicht des Mangels; wir vertrauen darauf, daß die Liebe die größte Macht des Universums ist. Wir nehmen die Gaben des Lebens demütig und voller Dankbarkeit an, wohl wissend, daß sie alle frei gewährte Geschenke Gottes sind und daß wir kein einziges davon einklagen können.

Das mag für viele von Ihnen verrückt oder zumindest altmodisch klingen, denn sind nicht wir Menschen die Herren der Welt? Haben wir nicht alles unter Kontrolle und alles im Griff?

Aber jeder Wirbelsturm, jedes Erdbeben, jede Überschwemmung und jede Lawine beweisen uns, daß wir in Wirklichkeit gar nichts unter Kontrolle haben und daß wir die Welt mit unserer Arroganz zugrunde richten, wenn wir meinen, uns über den großen Plan, von dem auch wir ein Teil sind, erheben zu können.

Und sind denn die Menschen, die ständig lauthals fordern, die andere verklagen, die nie genug kriegen können und immer mehr an sich raffen, glücklich? Haben sie denn ihr Leben unter Kontrolle? Spätestens nach dem ersten Herzinfarkt fangen auch sie an nachzudenken. Spätestens, wenn sich die Tochter oder der Sohn weigern, den elterlichen Betrieb zu übernehmen, dämmert es ihnen, daß es im Leben noch mehr gibt, als immer nur seinen Anteil zu fordern und das Geld zum Maßstab aller Dinge zu machen.

Demut ist nicht gleichbedeutend mit Dummheit. Wer demütig ist, läßt sich deswegen noch lange nicht übers Ohr hauen. Unsere Demut gilt Gott und der Intelligenz, die dieses Universum geschaffen hat, nicht denjenigen, die am lautesten herumschreien oder auf den Gefühlen anderer Menschen herumtrampeln.

Begeistert mitspielen

Das Leben meint es gut mit uns. Ehrenwort! Aber da wir Menschen oft furchtbar träge sind, brauchen wir ab und zu einen kleinen Wink mit dem sprichwörtlichen Zaunpfahl. Und da die meisten von uns faul und bequem geworden sind und wir es uns in unserer Unzufriedenheit gemütlich eingerichtet haben, müssen manchmal alle unsere Werte in Frage gestellt werden, damit sich jeder von uns darauf besinnt, was er wirklich ist: ein einmaliger, unwiederholbarer Versuch des Lebens, sich auszudrücken.

Jeder Mensch ist eine Bereicherung des Universums. Auch Sie! Jeder Mensch trägt seinen einzigartigen Teil zur Schönheit des Kosmos bei. Der Mensch war nie als passiver Zuschauer des Lebens gedacht, sondern als sein aktiver Gestalter. Es verblüfft uns immer wieder, daß die meisten Menschen sich mehr für Fußball begeistern als für ihr Leben.

Wollen Sie nicht mitspielen bei diesem aufregenden Spiel und Ihr Bestes geben?

Jeder Mensch ist anders

Wir nehmen die Welt nie so wahr, wie sie tatsächlich ist. Dazu sind weder unsere Sinnesorgane in der Lage, die ohnehin nur bestimmte Frequenzen wahrnehmen können, noch unsere mentale Programmierung. Denn wir ordnen jede neue Erfahrung in die immer gleichen alten Schubladen ein und vergleichen jedes Neue sofort mit dem Altbekannten. Aber die Welt verändert sich ständig und ist in jedem Augenblick neu, und Menschen, die wir nicht kennen, haben es nicht verdient, daß wir sie mit Menschen aus unserer Vergangenheit vergleichen – und Menschen, die wir kennen, haben es nicht verdient, daß wir sie ausschließlich aufgrund ihres vergangenen Verhaltens be- und verurteilen.

«Ich mag ihn nicht, er erinnert mich an meinen Vater!» «Ich kann sie nicht leiden, sie trägt die Haare genau wie meine Exfrau!» «Ich kann ihn nicht ausstehen, ich hatte mal einen Arbeitskollegen, der hat auch so komisch genuschelt wie er!» «Ich werde kein Wort mehr mit ihr reden, weil sie damals ihren Mund nicht halten konnte und mein Geheimnis weitererzählt hat.» «Ich hasse ihn, weil er mir vor zwanzig Jahren so weh getan hat.» «Ich kann ihre Nähe nicht ertragen, weil ich glaube, daß sie mich doch nur wieder ausnutzen will.»

Können wir einem Menschen eine größere Beleidigung zufügen, als ihn aufgrund einer zufälligen Ähnlichkeit mit einem anderen zu beurteilen? Können wir ihm eine größere Ehre erweisen, als ihm vorurteilsfrei zu begegnen?

Können wir es einem Menschen wirklich antun, ihn so zu behandeln, als ob er sich in zwanzig Jahren nicht verändert und seine damalige Handlung nicht längst bereut hätte? Wollen wir ihm nicht die Chance geben, uns wieder in Freundschaft und Liebe zu begegnen?

Nur wer vergeben kann, kann in der Gegenwart leben. Und nur in der Gegenwart können wir glücklich sein und erfüllte Beziehungen zu anderen Menschen haben.

Die Sicherheit, die dir so wichtig scheint,
nun – die hat ihren Preis,
du kannst nicht Risiken und Schmerz vermeiden
und hoffen, die Liebe würde bleiben.

aus: Bruce Springsteen,
«Human Touch»

Lebenswert

Für uns ist das Leben lebenswert, wenn wir uns
jeden Tag daran erinnern,
daß wir es in der Hand haben, ob wir im Paradies
oder in der Hölle leben,
daß das Leben kein Fluch, sondern ein Geschenk
ist,
daß die Liebe die höchste Macht im Universum ist
und daß wir ihr lebender Ausdruck sind,
daß alles im Leben einen Sinn hat und daß es keine
Zufälle gibt,
daß Vertrauen, Hingabe und Vergebung die
Schlüssel zum Glück sind.

Wir können das Universum als Ort des Mangels begreifen, an dem es nicht genug für alle gibt, und ständig auf unseren eigenen Vorteil bedacht sein. Wir können das Leben als Kampf sehen und unsere Mitmenschen als Konkurrenten und Gegner. Wir können uns Gott als zürnenden und eifersüchtigen Vater vorstellen, der penibel Buch über unsere «Sünden» führt und im Himmel nur die belohnen wird, die schon hier auf Erden soviel wie möglich an sich gerafft haben.

Aber wir können das Universum auch als Ort des Überflusses begreifen, an dem es mehr als genug für alle gibt und an dem wir um so mehr bekommen, je mehr wir von uns geben und je mehr wir mit anderen teilen. Wir können das Leben als Spiel betrachten und unsere Mitmenschen als Freunde und Weggefährten. Wir können uns Gott als liebevolle Mutter vorstellen, die über alle ihre Kinder wacht und uns am Ende alle ohne Ausnahme in ihre gütigen Arme schließen wird.

Der Unterschied zwischen den Menschen der ersten und denen der zweiten Gruppe besteht nicht in ihrer tatsächlichen Erfahrung, sondern in ihrer Wahrnehmung der Welt, in der Ideologie, die sie ihrem Erleben übergestülpt haben. Wir können nur selten bestimmen, wie die Welt ist, aber wir können immer wählen, wie wir sie wahrnehmen wollen. Wir selbst entscheiden, ob wir uns von den gegebenen Umständen zu verbitterten Zynikern machen lassen, die in allem nur das Schlechte wittern, oder ob wir uns unseren Humor und unsere Lebensfreude bewahren und uns auf die positiven Dinge des Lebens konzentrieren.

Unser Rechtssystem hält einen Angeklagten so lange für unschuldig, bis seine Schuld bewiesen ist. Sollten nicht auch wir uns im Zweifelsfall für das Leben entscheiden und es nicht schon von vornherein verdammen?

Unsere größte Angst ist nicht,
daß wir einer Sache nicht gewachsen sind.
Unsere größte Angst ist,
daß wir unermeßlich mächtig sind.
Es ist unser Licht, das wir fürchten,
nicht unsere Dunkelheit.

Nelson Mandela

Mein Glück, das Glück aller

Stellen Sie sich vor, Sie träfen auf der Straße einen wildfremden Menschen, der Ihnen einen guten Morgen wünscht – und dies auch wirklich meint.

Stellen Sie sich vor, Sie grüßten alle Menschen von Herzen und es gäbe für Sie keine Fremden, weil Sie wissen, daß wir alle miteinander verbunden sind, daß das Leid eines Menschen das Leid der ganzen Menschheit ist, daß aber das Glück des einzelnen auch das Glück aller ist.

Was für eine Welt das wohl wäre? Was für Menschen wir wohl wären?

Erleuchtung für alle

Wir leben in der spirituellsten Zeit, die es auf diesem Planeten je gegeben hat. Zum ersten Mal in der Geschichte der Menschheit haben nämlich nicht nur einige wenige Ausnahmemenschen die Möglichkeit, erleuchtet zu werden, sondern wir alle.

Erleuchtung ist kein jenseitiger Zustand, in dem wir keine Probleme mehr haben und dieser Welt entrückt sind. Das Wort Erleuchtung beschreibt lediglich einen Zustand, in dem wir uns unserer Konditionierungen bewußt geworden sind und diese dadurch ihre Macht über uns verloren haben. Und das wiederum bedeutet, daß wir endlich in der Gegenwart leben können und nicht in den Phantasiewelten von Vergangenheit und Zukunft. Glück ist immer nur jetzt möglich, sich an Vergangenes zu erinnern ist ebenso unsinnig, wie sich Zukünftiges vorzustellen.

Die grosse Überraschung

Noch nie standen uns Menschen so viele Informationen zur Verfügung, und noch nie waren wir so miteinander vernetzt und konnten von räumlich und zeitlich weit entfernten Kulturen lernen. Allerdings war das menschliche Leben auch noch nie so sehr vom Untergang bedroht wie heute, und noch nie hat sich das Rad des Wandels mit einer solchen Geschwindigkeit gedreht.

Wem bei diesem atemberaubenden Tempo schwindlig wird, der kann zwei Dinge tun: Er kann sich am Vertrauten festklammern und innerlich sterben. Das tun die meisten Menschen. Er kann aber auch loslassen und sich in die weit geöffneten Arme des Lebens fallen lassen. Und wer das tut, dem wird die größte Überraschung seines Lebens zuteil werden.

Das Bild hinter den Bildern

Noch mehr als an materiellen Dingen halten wir an unseren Ansichten über die Welt, über andere Menschen und vor allem über uns selbst fest. «Das kann ich nicht.» «Das konnte ich noch nie.» «Das werde ich nie können.» «So bin ich nun einmal.» «So war ich schon als Kind.» «So werde ich wohl immer bleiben.»

Das Leben meint es gut mit uns, wenn es uns ständig die «Hindernisse» in den Weg legt, an denen wir wachsen und uns weiterentwickeln können. Das Leben bietet uns jeden Tag Möglichkeiten in Hülle und Fülle, neue Erfahrungen zu machen, uns auf neue Weise zu erleben, uns zu verändern – und uns in das zu verwandeln, was wir gerne sein möchten, uns aber bisher nie zu sein trauten.

Das meiste von dem, was wir über uns zu wissen glauben, entpuppt sich bei genauerem Hinsehen als unwahr, schlecht erinnert oder gar frei erfunden. Die Raupe muß sterben, damit aus ihr ein Schmetterling werden kann; und wir müssen das loslassen, was wir zu sein glauben, damit wir das werden können, was wir wirklich sind.

«Ich würde so gerne malen, aber ich habe ja gar kein Talent.» «Wenn ich nur in Thailand leben könnte, dann wäre ich bestimmt glücklich, aber ich kann doch hier nicht alles aufgeben.» «Ich weiß genau, daß in mir ein leidenschaftlicher Liebhaber steckt, aber ich traue mich nicht, ihn meiner Frau zu zeigen.»

Mit Sätzen wie diesen programmieren wir uns selbst zum immerwährenden Unglücklichsein. Wieso hält mich mein angeblich fehlendes Talent davon ab zu malen? Woher weiß ich denn überhaupt, daß mir Talent fehlt, wenn ich es gar nicht erst ausprobiere? Und wenn ich den Wunsch habe zu malen und es mir obendrein auch noch Freude macht, wozu brauche ich dann noch «Talent» (das ohnehin durch die Meinung anderer Menschen definiert wird)?

Wenn wir wirklich glücklich sein wollen, ist es notwendig, uns selbst gegenüber ganz vorurteilsfrei zu sein und uns jeden Tag so zu begegnen, als hätten wir uns gerade erst kennengelernt. Tatsächlich ist der Prozeß des Lebens ein Prozeß des Kennenlernens, in dem wir vor Überraschungen glücklicherweise nie sicher sind.

Kennenlernen heißt aber nicht, seinem Bild von sich selbst eine Schicht Farbe um die andere hinzuzufügen, bis es so übermalt ist, daß wir uns selbst überhaupt nicht mehr erkennen können. Es heißt auch nicht, so lange an dem einmal begonnenen Bild weiterzumalen, bis es endlich einmal «perfekt» ist und es uns so sehr gefällt, daß wir gleich vor Begeisterung in Ohnmacht fallen, wenn wir es nur sehen. Kennenlernen heißt, das vorhandene Bild aufmerksam zu betrachten und behutsam eine Schicht Farbe nach der anderen zu entfernen und so zu unserem wahren Kern vorzustoßen, zu dem, was wir hinter der Maske unserer Persönlichkeit, unserer Vorlieben und Ängste wirklich sind.

Auch wenn wir dieses Bild nicht immer sehen können, weil wir selbst, unsere Eltern und Lehrer, Freunde und Partner darauf herumgemalt haben, so ist es doch immer da. Wir brauchen ihm nichts hinzuzufügen, weil es immer vollkommen ist. Um uns selbst in all unserer strahlenden Schönheit zu sehen, müssen wir nur den Mut haben, all das überflüssige Gekritzel zu entfernen.

Und wenn wir das Bild eines anderen Menschen auf diese Weise betrachten, werden wir etwas ganz Erstaunliches feststellen: Das ursprüngliche Bild des anderen gleicht dem unseren aufs Haar. Unabhängig davon, was er oder andere auf seine Leinwand gemalt haben, um das Original zu verdekken, einmal bloßgelegt, bleibt nichts als strahlende Schönheit und Vollkommenheit.

Bis es klappt

Helden wissen nicht, daß sie Helden sind, bevor sie sich nicht in einer gefährlichen Situation befinden und trotz ihrer Angst einfach das tun, was nun einmal getan werden muß. Würden sie darüber nachdenken, würden sie es wahrscheinlich nicht tun. Aber auch während ihrer Heldentat wissen sie meistens noch nicht, daß sie Helden sind. Erst wenn andere es ihnen sagen, erkennen sie, daß das, was für sie in einem Augenblick reinen Seins selbstverständlich war, für andere Menschen, die nach wie vor in der Illusion ihrer Ängste und Meinungen gefangen sind, überhaupt nicht selbstverständlich ist. Im normalen Alltag, in dem wir uns mit den Begrenzungen unserer Hauthülle identifizieren, denken wir nur an uns selbst und erleben uns als getrennt von unseren Mitmenschen. Aber in extremen Gefahrensituationen gehen wir über unsere Grenzen hinaus, weil wir uns einen Augenblick lang selbst vergessen haben und uns unseres Einsseins mit dem anderen bewußt sind.

Niemand weiß, wozu er fähig ist, bevor er es nicht ausprobiert hat. Aber es nur einmal – quasi als Alibi – zu versuchen und dann mit einem lapidaren «daß das nicht funktionieren konnte, war mir sowieso klar» die Flinte ins

Korn zu werfen, zählt nicht wirklich als Versuch.

Ein Kind, das sich nur einmal bemüht, auf seinen kleinen krummen Beinen zu stehen, und gleich nach dem ersten Hinfallen frustriert aufgibt, wird niemals laufen können und den Rest seines Lebens unglücklich darüber sein, daß alle anderen Menschen gehen können und es selbst von einem ungerechten Schicksal – oder einem grausamen Gott – zum lebenslangen Krabbeln verurteilt ist.

Wenn ein Projekt nicht klappt, versuchen Sie es noch einmal. Wenn eine Beziehung scheitert, lernen Sie aus Ihren Fehlern, und machen Sie es beim nächsten Mal besser. Wenn Sie beruflich nicht vorankommen und auf der Stelle zu treten scheinen, verändern Sie die Umstände, die Sie behindern, oder Ihre Einstellung zu den Gegebenheiten.

Wenn Sie glücklich sein möchten, es aber anscheinend nicht sein können, geben Sie alles Streben danach auf, entspannen Sie sich, und laden Sie einfach das Glück in Ihr Leben ein. Dann lassen Sie alle Ideen über sich selbst und über das, was Sie für Glücklichsein halten, los. Vergessen Sie, wer Sie zu sein glauben, und lassen Sie sich überraschen, wer Sie wirklich sind.

Werfen Sie den alten Plunder über Bord, den Sie schon ein Leben lang mit sich herumschleppen, und gestatten Sie dem Glück, in Ihr Leben zu treten. Es wartet nämlich auf Ihre Erlaubnis, denn es kann niemals gegen den Willen eines Menschen zu ihm kommen.

Lassen Sie zuerst los, und lassen Sie sich dann überraschen.

Sicherheit ist größtenteils Aberglaube.
Sie existiert weder in der Natur
noch im Erfahrungsschatz der Menschenkinder.
Gefahren aus dem Weg zu gehen
ist auf Dauer nicht sicherer,
als sich ihnen zu stellen.
Das Leben ist entweder ein kühnes Abenteuer,
oder es ist nichts.

Helen Keller

Kühe auf der Weide

Persönliches Wachstum findet immer dann statt, wenn unsere bisherigen Sicherheiten in Frage gestellt werden und wenn sich unsere bisherige Lebens- und Denkweise als unnütz oder gar als schädlich herausgestellt hat. Wer nicht hört, muß fühlen, heißt das alte Sprichwort. Wer sich nicht an veränderte Umweltbedingungen anpaßt, wird untergehen, heißt das Gesetz der Evolution. Die Dinosaurier haben es uns vorgemacht: Ihre Gehirne waren zu klein und ihre Panzer zu groß.

Wenn Eva damals nicht mutig genug gewesen wäre, ihrem Adam trotz göttlichen Verbots den Apfel vom Baum der Erkenntnis zu geben, würden wir heute noch alle wie Kühe auf den Weiden des Paradieses stehen und grasen. Vielleicht glücklich, auf jeden Fall aber dumm.

Die Ideale, die meinen Weg erhellt
und mir immer wieder Mut gemacht haben,
das Leben freudig anzunehmen,
waren Güte, Schönheit und Wahrheit.
Die banalen Dinge des menschlichen Lebens
– Besitz, Erfolg, Luxus –
schienen mir immer verachtenswert zu sein.

Albert Einstein

Keine Angst!

Angst hält uns davon ab anzuerkennen, wer und was wir in Wirklichkeit sind. Angst hindert uns auch daran, unserer Wahrheit entsprechend zu leben. Ein Leben in Angst macht es uns unmöglich, glücklich zu sein. «Wo kämen wir denn hin, wenn alle Menschen einfach glücklich wären?» mag sich mancher fragen und vorsichtshalber unglücklich bleiben, weil ihm das zumindest vertraut ist.

Angst ist immer Angst vor dem, was noch nicht ist und was möglicherweise werden könnte. Angst wird zwar in der Gegenwart erlebt – und läßt uns leiden –, aber sie richtet sich immer auf die Zukunft. Ich habe keine Angst davor, jetzt arbeitslos zu *sein*, sondern davor, in Zukunft arbeitslos zu *werden*. Ich hatte noch nie Angst davor, meine Frau gestern verloren zu haben, aber schon oft, sie möglicherweise in Zukunft zu verlieren.

Angst hat keine von uns unabhängige Realität; sie ist ein Gespenst, das wir erfunden haben und das es uns unmöglich macht, ein erfülltes Leben zu führen. Die Angst vorm Fliegen ist in Wirklichkeit die Angst vor dem möglichen Absturz, die Angst vor Höhen in Wahrheit die Angst, von diesen Höhen herunterzufallen; die Angst vor dem

Wasser besteht nicht darin, im Wasser zu sein, sondern Wasser in sich zu haben.

Wir haben nie Angst vor dem, was tatsächlich geschieht, sondern vor dem, was unter Umständen geschehen könnte. Wenn uns ein Hund gegenübersteht, haben wir keine Angst davor, daß uns ein Hund gegenübersteht, sondern davor, daß dieser sich plötzlich entschließen könnte, uns anzugreifen.

Aber diese Ängste haben keine eigene Wirklichkeit, sondern sind reine Spekulation, Auswüchse einer allzu lebhaften – und an der falschen Stelle eingesetzten – Phantasie. Warum sollte das Flugzeug abstürzen? Warum sollte ich von einem Berg fallen? Warum sollte ich ertrinken? Warum sollte mich der Hund anfallen?

Wir wissen nicht, was die Zukunft bringt, bis sie zur Gegenwart geworden ist. Und dann haben wir merkwürdigerweise keine Angst mehr vor ihr. Denn entweder ist das, wovor wir uns fürchteten, eingetroffen, und wir sind viel zu sehr damit beschäftigt, uns damit zu befassen, oder es ist nicht eingetroffen, und dann haben wir unsere Angst schnell wieder vergessen – bis zum nächsten Mal.

Es macht keinen Sinn, die Angst zu verdrängen, aber es ist auch nutzlos, sie überwinden zu wollen. Angst braucht nur anerkannt zu werden, um ihre Macht über uns zu verlieren. Angst ähnelt einem kleinen Menschen, der hinter einem Leintuch und vor einer Kerze steht und einen schrecklich großen Schatten wirft. Bringen wir aber den Mut auf, hinter das Leintuch zu schauen, sehen wir dort nur einen kleinen Menschen, der verzweifelt auf und ab springt, weil er von uns wahrgenommen werden möchte.

Angst muß nicht unser Feind sein, ganz im Gegenteil: Sie kann zu unserem Freund und Verbündeten werden. Wer seine Ängste anerkennt, lernt sich selbst besser kennen und akzeptiert sich, so wie er ist. Und das führt dazu, daß die Angst ihre Macht über uns verliert.

Angst befaßt sich mit der Zukunft, aber sie macht uns die Gegenwart kaputt, wenn sie nicht anerkannt wird. Manche Menschen fragen sich: «Warum soll ich jetzt leben und glücklich sein, wenn ich am Ende doch sterben muß? War dann nicht alles sinnlos? Da kann ich mich doch besser jetzt gleich selbst umbringen. Dann habe ich es wenigstens hinter mir!» Diese Frage ähnelt einer anderen: «Warum soll ich mir jetzt die Hände waschen? In einer Stunde sind sie doch sowieso wieder dreckig.»

Wir waschen uns die Hände, weil sie jetzt drekkig sind und wir sie jetzt sauber haben möchten. Und wir sind jetzt glücklich, weil wir jetzt leben und weil die Gegenwart unsere einzige Realität ist. Wenn wir sie verpassen, haben wir gar nichts. Das Ende eines Zustands macht ihn keinesfalls sinnlos, sondern gibt ihm im Gegenteil überhaupt erst seinen Sinn.

Weil das Leben endet, ist es so kostbar. Weil das Leben das einzige ist, was wir haben, sollten wir es so bewußt und so glücklich erleben wie möglich.

Denn, wie ihr wißt, war Sicherheit
des Menschen Erbfeind jederzeit.

aus: William Shakespeare,
«Macbeth»

Risiko, Risiko

Da nichts im Leben sicher ist, müssen wir trotz unserer Ängste ständig Risiken eingehen, wenn wir leben und das Leben genießen wollen.

Der Liedermacher Wolf Biermann hat unser Dilemma einmal so beschrieben: «Wer sich *nicht* in Gefahr begibt, kommt darin um.» Je mehr wir uns nämlich nach Sicherheit sehnen und je mehr wir uns bemühen, alle Unsicherheitsfaktoren aus unserem Leben auszuschließen, desto mehr schränken wir unser Leben ein und bringen uns am Ende selbst um. Die einzige Sicherheit, die es gibt, ist auf dem Friedhof. Aber dort existiert kein Leben.

Zu leben bedeutet, Risiken einzugehen, und das heißt auch, bereit zu sein, sich überraschen und beschenken zu lassen. Je mehr wir unsere Ängste loslassen, desto reicher wird uns das Leben beschenken. Je mehr wir bereit sind, Risiken einzugehen, desto weniger wird uns passieren.

Vollkommen

Lassen Sie die Vorstellung los, daß mit Ihnen etwas nicht stimmt und daß Ihnen zum Glücklichsein etwas fehlt, was andere Menschen oder materielle Dinge Ihnen geben könnten.

Jeder von uns ist vollkommen. Keinem von uns fehlt irgend etwas. Wenn wir den neuesten Film, über den alle reden, nicht sehen, fehlt uns nichts. Wenn wir uns die bessere Stereoanlage nicht leisten können, obwohl ihr Klang wirklich viel besser ist als der der alten, fehlt uns nichts zum Glücklichsein. Wenn wir den tollen Mann, den wir gestern in der U-Bahn gesehen haben und der uns so herzlich angestrahlt hat, nicht bekommen, fehlt uns nichts zu unserem Leben.

Wenn wir nicht herausfinden, ob wir als Kinder genug geliebt worden sind, fehlt uns nichts. Wenn wir die neueste Modedroge nicht nehmen, ist uns nichts entgangen. Und selbst wenn wir jetzt in diesem Moment sterben sollten, haben wir nichts verpaßt.

Wir sind nämlich immer vollkommen. Und uns fehlt nichts.

Das kostbarste Geschenk

Unser Leben ist ein Geschenk, und unser Körper ist nur geborgt. Am Ende wird Gott ihn von uns zurückhaben wollen und uns fragen, was wir mit seinem kostbaren Geschenk gemacht haben. Werden wir ihm dann einen Haufen Lumpen vor die Füße werfen oder ihm ein wunderschönes Gewand überreichen?

Wollen wir möglichst unauffällig durchs Leben schleichen und uns als Opfer widriger Umstände fühlen, oder wollen wir unser Schicksal selbst in die Hand nehmen und das Höchste werden, was wir werden können? Die Entscheidung liegt bei jedem einzelnen von uns.

Je langsamer wir leben, desto schneller reifen wir

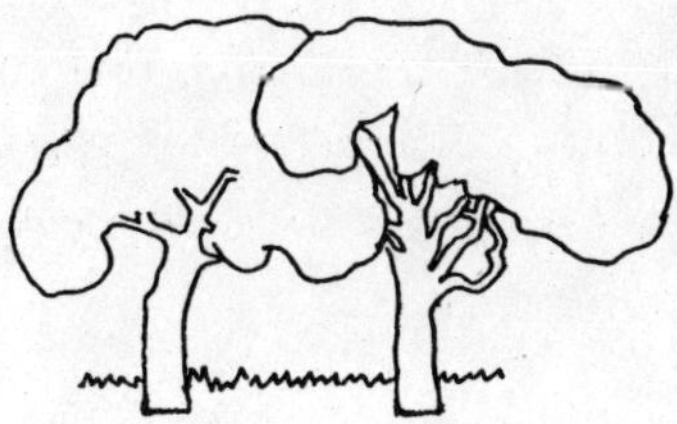

Die liebenden Arme Gottes

Leben ist ein Prozeß des Wachstums, in dessen Verlauf wir verschiedene Entwicklungsstufen durchlaufen, von denen jede zum Abschluß gebracht werden muß, bevor wir zur nächsten übergehen können.

Wer die einzelnen Phasen aber nur formell absolviert, ohne innerlich daran beteiligt zu sein und ohne wirklich etwas aus den Erfahrungen seines Lebens zu lernen; wer Entwicklungsstufen überspringen möchte, weil sie ihm lästig sind oder er meint, schon alles zu wissen; wer schnell von einem Lebensabschnitt zum nächsten hetzt, ohne sich ausreichend Zeit zu nehmen, sich zu entwikkeln und seine Lektionen zu lernen, der reift nicht, sondern verfault, der wächst nicht, sondern verfällt.

Es gibt den Mythos, dem zufolge der Mensch mit Mitte Zwanzig seinen körperlichen und geistigen Höhepunkt erreicht hat und danach sang- und klanglos (und unabänderlich) verfällt. Aber das Gegenteil ist wahr: Leben ist nicht Verfall, sondern Wachstum, und so wachsen wir vom Tag unserer Empfängnis bis zum Tag unseres Todes.

Zunächst wächst unser Körper und ahmt dabei die Evolution des Lebens auf der Erde nach: Aus einem Einzeller wird ein Mehrzeller, aus einem

Fisch wird ein Säugetier, aus dem dann ein Mensch wird. Dieser Mensch unterscheidet sich von den Tieren vor allem dadurch, daß er mit einem Bewußtsein seiner selbst ausgestattet ist und daß er in der Lage ist, über sein Leben zu reflektieren. Das wichtigste Geschenk, das dem Menschen mit auf den Weg gegeben wurde, ist die Gabe, Entscheidungen zu treffen. Wir Menschen sind wahrscheinlich die einzigen Lebewesen auf diesem Planeten, die sich ständig frei entscheiden können, wie sie leben wollen.

Das heißt, wenn wir durch unser Leben eilen, als ob wir es so schnell wie möglich hinter uns bringen müßten, dann haben wir uns freiwillig dafür entschieden, und wenn wir uns von anderen Menschen herumkommandieren oder hetzen lassen, dann haben wir es ihnen gestattet. Niemand außer uns selbst trifft täglich die Wahl, unglücklich zu sein und das Glück dort zu suchen, wo es nicht ist.

Aber wir können uns auch entscheiden, das Leben ganz langsam, Sekunde um Sekunde zu genießen, jeden Augenblick unseres Daseins bewußt und mit Achtsamkeit wahrzunehmen, Mitwirkende zu sein und nicht Opfer.

Früher galt ein Mensch mit Vierzig als alt und verbraucht; heute gibt es Boxweltmeister, die die Vierzig überschritten haben, und andere Spitzensportler, die mit Zwanzigjährigen gut mithalten können. Der Körper hat sich als viel formbarer herausgestellt, als früher vermutet wurde, und es wird immer klarer, daß Körper und Geist eine untrennbare Einheit darstellen und sich gegenseitig (bewußt oder unbewußt) beeinflussen.

Wenn der Körper voll entwickelt ist, konzentriert sich das Wachstum des Menschen auf seine intellektuellen Fähigkeiten. Früher ging die Wissenschaft davon aus, daß die Gehirnzellen im Laufe des Lebens unwiderruflich absterben und nicht mehr ersetzt werden können und daß der Mensch deshalb im Alter seine geistigen Fähigkeiten verlieren müsse. Das wird heute von immer mehr Forschern ernsthaft in Frage gestellt und von immer mehr älteren Menschen als Mythos entlarvt.

Wenn die geistigen Fähigkeiten entwickelt sind, reifen die emotionalen heran. Der Schwerpunkt des Lebens verschiebt sich nun vom Kopf ins Herz, und der reifende Mensch beginnt allmählich zu verstehen, auf was es im Leben wirklich ankommt.

Wer langsam und aufmerksam lebt, der hat die Möglichkeit, sein Menschsein auf allen Ebenen zu verwirklichen und wird nicht nur bis ins hohe Alter hinein über einen wachen und klaren Verstand verfügen, sondern vor allem auch über ein offenes Herz, das in der Lage ist, alle Wesen in seine Liebe einzubeziehen. Dieser Mensch, dessen

Herz nun «offen» ist, nimmt sein Eingebundensein in das große Gewebe des Lebens mit der gleichen Intensität wahr, mit der er früher als Heranwachsender seine Trennung von anderen Menschen gespürt hatte.

Wenn dann die Fähigkeiten des Körpers, des Verstandes und des Herzens entwickelt sind, beginnt sich die Seele des Menschen immer weiter auszudehnen, bis der Körper zu klein für sie geworden ist. Dann stirbt der Mensch.

Aber der Tod, den wir alle so fürchten, weil er das große Unbekannte ist, der ist nichts weiter als ein endgültiges Loslassen, ein frohes Entspannen, ein Hineinkuscheln in die liebenden Arme Gottes.

Wenn die Menschen wüßten, was der Tod ist,
dann hätten sie keine Angst mehr vor ihm.
Und wenn sie keine Angst mehr vor ihm hätten,
dann könnte niemand ihnen mehr die Lebenszeit stehlen.

aus: Michael Ende,
«Momo»

Ganz langsam

Es geht im Leben nicht darum, irgend etwas so schnell wie möglich hinter sich zu bringen. Das Leben ist keine Einkaufsliste, von der man die Dinge abhakt, die bereits im Einkaufswagen liegen – auch wenn viele von uns auf diese Weise leben. Wir stehen angesichts der vielen Dinge, die wir jeden Tag zu erledigen haben, schon erschöpft auf und sind dann abends total «geschafft», weil wir so viel geschafft haben – oder weil wir so viel nicht geschafft haben, was wir dann am nächsten Tag erledigen müssen.

Wir «erledigen» Dinge, als ob sie Feinde wären, die aus dem Weg geräumt werden müssen. «Ich muß noch meine Mutter besuchen, der geht es dummerweise nicht besonders gut.» «Ich habe noch eine halbe Stunde Zeit, da gehe ich noch eben ins Fitneßstudio.» «Ich muß noch schnell zum Friseur, so kann ich mich ja nicht mehr sehen lassen.»

Und die Freude? Wo bleibt die Freude über den Besuch bei der Mutter, dem Menschen, der uns das Leben geschenkt hat, durch das wir nun so hetzen? Wo bleibt der Spaß daran, seinen Körper lustvoll zu bewegen? Wo bleibt das Vergnügen daran, sich zurückzulehnen, die Haare gewaschen zu bekommen und sich von einem anderen Menschen umsorgen und pflegen zu lassen?

Das Leben ist kein Hundertmeterlauf, bei dem der Schnellste gewinnt und bei dem derjenige eine Goldmedaille bekommt, der am schnellsten damit fertig ist. Viele Menschen hetzen durchs Leben, als ob es dabei tatsächlich etwas zu gewinnen gäbe. Aber genau die, die zuerst am «Ziel» ankommen (und den ersten Herzinfarkt als kleine Zugabe schon Anfang Vierzig haben), sind interessanterweise auch diejenigen, die dann jammern, es wäre alles viel zu schnell gegangen und sie hätten gar nichts vom Leben gehabt.

Aber was wollen wir eigentlich vom Leben haben? Arbeit und Mühsal? Geld und Reichtümer? Hetze und Hektik? Freude und Glückseligkeit? Sport, Spiel und Spannung? Spaß ohne Ende?

Wenn das Leben mit einem Wettlauf verglichen werden könnte, dann höchstens mit einem paradoxen Marathonlauf. Letzten Endes zählt die Ausdauer, nicht der Sprint über kurze Strecken. Aber dieser Lebensmarathon hat noch eine Besonderheit: Hier gewinnt nämlich nicht derjenige, der zuerst am Ziel ankommt, sondern der, der sich am meisten Zeit gelassen hat und jeden Zentimeter des Weges bewußt erlebt und ausgekostet hat.

Ankommen tun wir alle, aber was wir unterwegs gemacht haben, entscheidet darüber, ob wir uns müde und glücklich ins Ziel fallen lassen oder ob wir einen Meter davor ausgelaugt und verzweifelt versuchen, noch einmal von vorne anzufangen.

All meinen Besitz für einen Augenblick Zeit.

Königin Elizabeth I.
(auf ihrem Sterbebett)

Eine Gehmeditation

Wir möchten Ihnen hier eine weitere einfache Meditationsform vorstellen, die im Gegensatz zu den bisher genannten nicht im Sitzen oder Liegen, sondern im Gehen ausgeführt wird.

Die einfachste – und natürlichste – Form dieser Meditation, mit der Sie wahrscheinlich alle bereits vertraut sind, ist das, was wir den Verdauungsspaziergang nennen. Absichtslos und ohne Ziel schlendern Sie durch einen Wald oder Park, den Strand oder an einem See entlang; und je länger Sie so vor sich hin gehen, desto stiller wird es in Ihnen, und ein angenehmes Wohlgefühl breitet sich von den Beinen her über den ganzen Körper aus.

Die folgende Meditationstechnik greift das Prinzip des absichtslosen Gehens auf und fügt ihm das Element der Achtsamkeit hinzu. Sie können sie in Ihrer Wohnung, Ihrem Garten oder in der Natur ausführen. Lassen Sie sich durch nichts stören, auch nicht durch die neugierigen Blicke oder die verständnislosen Bemerkungen von Nachbarn oder anderen Spaziergängern. Machen Sie aus sich aber keinen Märtyrer. Wenn es Ihnen unangenehm ist, daß Ihnen andere Menschen dabei zuschauen, gehen Sie in Ihre Wohnung, und führen Sie diese Übung dort aus. Viel Platz brauchen Sie dafür ohnehin nicht.

Stellen Sie sich aufrecht hin. Die Füße sind etwa auf Schulterbreite auseinander plaziert. Schließen Sie einen Moment die Augen, und konzentrieren Sie sich auf Ihren Atem an der Nasenspitze: ein – aus, ein – aus. Spüren Sie dann, wie der Atem Ihre Lungen füllt und bis in den Bauch hinunter fühlbar ist: mit der Einatmung hinunter, mit der Ausatmung wieder hinauf. Pressen Sie Ihren Bauch nicht vor und zurück, lassen Sie einfach zu, daß er sich durch die Bewegung des Zwerchfells mit der Einatmung ausdehnt und mit der Ausatmung wieder zusammenzieht.

Öffnen Sie nun die Augen, und setzen Sie so langsam wie möglich einen Fuß vor. Spüren Sie, wie Sie dazu Ihr Gewicht verlagern müssen, wie Sie einen Augenblick lang nur auf einem Fuß stehen, wie der Fuß den Boden zuerst mit der Hacke und dann mit der ganzen Sohle berührt. Fühlen Sie, wie Ihr Gleichgewicht zurückkehrt und wie das Gewicht Ihres Körpers wieder gleichmäßig auf beide Füße verteilt ist. Dann wagen Sie den nächsten Schritt mit dem anderen Fuß.

Gehen Sie auf diese Weise ein paar Minuten lang auf und ab. Konzentrieren Sie sich ausschließlich darauf, einen Fuß vor den anderen zu setzen. Richten Sie den Blick dabei in die Ferne, ohne auf etwas besonders zu achten.

Viele buddhistische Traditionen benutzen diese Meditationstechnik zwischen zwei Perioden des meditativen Sitzens, damit der Kreislauf wieder angeregt wird und die verkrampften Beine gelockert werden. Meditatives Gehen ist aber auch, für sich praktiziert, eine wertvolle und wirksame Methode, ganz ins Hier und Jetzt zu kommen.

Zeit ist kostbar

Unser Leben ist unendlich kostbar. Und die Zeit auch. Sie ist nämlich unser einziger wahrer Besitz und wurde uns im Augenblick unserer Geburt geschenkt. Und jeder von uns hat reichlich davon – nämlich sein ganzes Leben. Wir können sie nicht sparen. Es gibt keine Zeitsparkasse, auf der wir Sekunde um Sekunde einzahlen können und darauf hoffen dürfen, daß wir sie eines Tages mit Zins und Zinseszins zurückbekommen werden.

Im Gegenteil: Gesparte Zeit ist verlorene Zeit. Denn die Zeit lebt nur dann, wenn wir sie verbrauchen, sie umarmen, mit ihr tanzen, sie in den Himmel heben, sie verehren und ihr Liebeserklärungen machen. Zeit ist nur ein anderes Wort für Leben, und das Leben will nur eines: gelebt werden. Sekunde um Sekunde, Tag für Tag, Jahr um Jahr – ganz langsam und aufmerksam.

Denn so wie ihr Augen habt, um das Licht zu sehen,
und Ohren, um Klänge zu hören, so habt ihr ein Herz,
um damit die Zeit wahrzunehmen. Und alle Zeit,
die nicht mit dem Herzen wahrgenommen wird,
ist so verloren wie die Farben des Regenbogens
für einen Blinden oder das Lied eines Vogels
für einen Tauben.

aus: Michael Ende, «Momo»

Wohin mit der gesparten Zeit?

Macht es uns wirklich glücklicher, daß wir jetzt endlich Handys besitzen und nun immer erreichbar sind und zu guter Letzt selbst auf der Toilette telefonieren können? Wir glauben nicht, denn wir schätzen gerade die Zeiten, in denen wir nicht erreichbar sind und uns ganz auf uns selbst oder aufeinander konzentrieren können.

Was machen wir mit der gesparten Zeit, wenn wir die Straße vier Sekunden, bevor die Ampel ohnehin umschaltet, im Laufschritt bei Rot überqueren? Nichts, denn schon im nächsten Moment rinnt sie uns wieder durch die Hände, weil wir vor lauter Eile die weißen Wolken am blauen Himmel nicht gesehen und den Schlag unseres Herzens nicht gespürt haben. Abgesehen davon, macht es überhaupt keinen Sinn, sein ganzes Leben für ein paar Sekunden zu riskieren.

Auf welches Konto zahlen wir die acht Millisekunden ein, die wir dank unseres neuen Pentium-Computers bei der Textverarbeitung gespart haben? Findet die Zeit, die wir im Bus auf dem Weg zur Arbeit verbringen, auf geheimnisvolle Weise außerhalb unseres eigentlichen Lebens statt, so daß sie so schnell wie möglich vorbeigehen müßte?

Die Spatzen pfeifen es von den Dächern, daß die

Welt überfließt vor Zeit, aber wir hören nicht auf sie, weil wir glauben, keine Zeit dafür zu haben. Es ist aber immer genug Zeit vorhanden – für jeden von uns, ein Leben lang. Nur wie wir sie erleben und was wir mit ihr machen, darauf kommt es an.

Früher war der Rhythmus des Lebens gemächlicher, und die Zeit tropfte wie Honig auf die Menschen herab. Heute fließt sie wie Benzin, ist dünn und leicht brennbar. Je hektischer wir uns bewegen und je mehr wir tun, desto schneller verpufft sie und löst sich in ein stinkendes Nichts auf.

Vom amerikanischen Psychotherapeuten M. Scott Peck, der von vielen Menschen bewundert wird, weil er in kürzester Zeit Projekte verwirklicht, die für andere in derselben Zeit unmöglich zu schaffen wären, ist folgende Anekdote überliefert. Als ihn eines Tages jemand nach dem Geheimnis seines Erfolges fragte, erwiderte er lachend: «Ich schaffe das alles nur, weil ich mir jeden Tag die Zeit nehme, zwei Stunden lang überhaupt nichts zu tun.» Daraufhin erwiderte der Fragesteller stirnrunzelnd: «Dafür hätte ich keine Zeit.»

Glücklich

Wir sind immer dann ganz glücklich und erfüllt,
wenn wir uns jeden Tag die Zeit nehmen,
um einander tief in die Augen zu schauen,
um miteinander zu kuscheln und eng umschlungen einzuschlafen,
um miteinander zu reden und uns zu erzählen, was uns heute bewegt und beschäftigt hat,
um uns langsam, ohne Hast und ohne Gier zu lieben,
um einander mit kleinen Aufmerksamkeiten zu überraschen,
um uns zu überlegen, mit was und wie wir dem anderen eine Freude bereiten können,
um gemeinsam zu kochen, zu essen und abzuwaschen,
um gemeinsam zu meditieren.

Lassen Sie sich Zeit. Wenn Sie merken, daß Sie etwas hastig tun, halten Sie einen Moment lang inne, und machen Sie dann langsam weiter. Wenn Ihnen auffällt, daß Sie etwas nicht wahrgenommen haben, konzentrieren Sie sich, und schauen Sie genau hin.

Wenn Ihnen bewußt wird, daß Sie ein Buch lesen und überhaupt nicht wissen, was Sie gerade gelesen haben, legen Sie das Buch einen Augenblick lang in den Schoß, schließen Sie die Augen, atmen Sie ein paarmal ein und aus, und lesen Sie dann die Seite noch einmal.

Wenn Sie feststellen, daß Sie zwar in die Richtung Ihres Gegenübers schauen, aber nicht ein Wort von dem verstanden haben, was er gesagt hat, bitten Sie ihn, es noch einmal zu wiederholen.

Bringen Sie den Mut auf, langsam und bewußt zu leben. Das ist Meditation; das bedeutet, im gegenwärtigen – und daher ewigen – Augenblick zu sein.

Erinnern Sie sich selbst immer wieder daran, daß Ihnen Ihr Leben nicht davonläuft. *Sie* sind es, die Ihrem eigenen Leben davonlaufen, indem Sie sich weigern, es Sekunde für Sekunde aufmerksam und bewußt zu leben. Jede Sekunde, die Sie totzuschlagen glauben, schlägt in Wirklichkeit Sie tot.

Ein Leben, das auf achtsame und bewußte Weise geführt wird, kann nicht langweilig sein, denn wenn Sie sich aufmerksam beobachten, werden Sie entdecken, daß jede Handlung – selbst wenn Sie sie schon hundertmal ausgeführt haben – von Ihnen noch nie so getan wurde, wie Sie sie jetzt gerade tun; daß jedes Wort – selbst wenn Sie es schon tausendmal ausgesprochen haben – noch nie so gesprochen wurde, wie Sie es in diesem Augenblick tun; daß jede Blume – selbst wenn Sie sich schon ein dutzendmal zu ihr niedergebeugt haben – noch nie so gerochen hat, wie sie es jetzt in diesem Moment tut.

Zelebrieren Sie Ihr Leben, indem Sie es aufmerksam genießen und die Freude entdecken, die selbst in den alltäglichsten Dingen zu finden ist. Wenn Ihnen ein Gänseblümchen keine Freude macht, wie könnte es dann eine Rose?

Und Gott erschuf die Zeit,
und er erschuf sie in gewaltigen Mengen
und schüttete sie über die Menschen aus.

Magister Mario

Mut zur Langsamkeit

Wenn Sie in dieser Woche spazierengehen, nehmen Sie sich die Zeit, sich etwas, das auf dem Boden wächst oder liegt, in allen Einzelheiten anzuschauen.

Im Frühjahr staunen wir über die winzigen Pflanzen, die, so weich und zart, wie sie sind, es doch schaffen, die harte Kruste des teilweise noch gefrorenen Bodens zu durchbrechen und mutig ihre Blüten und Blätter der Sonne entgegenzustrecken. Je kleiner sie sind, desto eher wagen sie sich hervor. Die großen Pflanzen sind vorsichtiger und schicken erst einmal ihre kleinen Verwandten vor.

Wenn es dann Sommer geworden ist, legen wir uns manchmal ins Gras und schauen uns die einzelnen Grashalme genau an. Jeder Halm ist etwas anders geformt, jeder hat eine etwas andere Farbe, jeder unterscheidet sich ein wenig von seinem Nachbarn. Und dort, wo auf den ersten – und meistens unaufmerksamen – Blick nichts zu sein scheint als Gras – tausendmal gesehen und doch nie wahrgenommen –, da tut sich vor uns plötzlich ein ganzes Universum von Pflanzen und Tieren auf, die alle ihren Teil zu dieser Welt beitragen und ohne die die Erde nicht komplett und nicht so schön wäre. Jeder kleine und kleinste Teil des

Lebens trägt etwas zum Ganzen bei; wird es weggenommen, entsteht eine Lücke, die durch nichts anderes ersetzt werden kann.

Im Herbst springen wir nicht nur in jeden Laubhaufen, den wir sehen, sondern nehmen die vielfarbigen Blätter in die Hand, aus denen nun der Saft des Lebens herausgetropft ist und die sich zum Sterben in ihr schönstes Gewand gehüllt haben. Noch einmal zeigen sie sich in all ihrer Pracht, bevor sie zurück in den großen Kreislauf kehren und zu Humus werden, aus dem heraus wieder neues Leben wachsen kann.

Wenn es Winter geworden ist, hocken wir uns manchmal hin, ziehen unsere Handschuhe aus und nehmen etwas Schnee in die Hand. Wir riechen daran, wir streicheln ihn ganz sanft, drücken ihn zu einem festen Klumpen zusammen, den wir sanft über unsere Nasen und Wangen streichen.

Wir schauen in den Himmel, aus dem der Schnee gefallen ist, und wenn es schneit, verfolgen wir den Weg einer Flocke, bis sie den Boden erreicht. Schmilzt sie gleich, oder legt sie sich auf ihre Freunde? Ist sie weiß oder etwas grau? Ist sie nur kalt, oder hat sie auch etwas Warmes an sich?

Keine zwei Krokusse, Grashalme, Kastanienblätter oder Schneeflocken sind sich gleich. Alle sind Individuen, die ihre eigene Form besitzen. Sie mögen einander bis zum Verwechseln ähnlich sehen, aber das liegt nicht daran, daß sie sich wirklich gleichen, sondern daran, daß wir diese feinen Unterschiede nicht mehr wahrnehmen können, weil sich unser Gehirn zu sehr an grobe Reize gewöhnt hat.

Obwohl sich jede Schneeflocke von jeder anderen unterscheidet, ist das, was weiß den Boden bedeckt, für uns einfach Schnee. Möglicherweise denken Schneeflocken auch so über uns Menschen. Vielleicht sind wir für sie alle gleich: unaufmerksame Tölpel, die achtlos an ihrer Schönheit vorbeigehen.

Die Verlangsamung der Zeit

Jeder Mensch kann lernen, seine Wahrnehmung der Zeit zu verlangsamen und auf diese einfache Weise mehr davon zur Verfügung zu haben. Das Paradox ist nämlich, daß wir nicht mehr Zeit haben, wenn wir etwas schneller tun, sondern weniger, weil die Zeit, die wir so in Eile verbringen, von uns überhaupt nicht wahrgenommen werden kann.

Je langsamer und je aufmerksamer wir etwas

tun, desto mehr Zeit haben wir, denn nun integrieren wir jeden Augenblick in unser Leben. Wer langsam und achtsam lebt, ist reicher, als es ein Millionär je sein könnte, denn ihm gehört sein ganzes Leben.

Wir möchten Sie jetzt mit einer Übung bekannt machen, mit deren Hilfe Sie Ihre Wahrnehmung der Zeit verfeinern und dadurch den Rhythmus Ihres Lebens verlangsamen können. Sie brauchen es ja nicht gleich Martin Bukovsek aus Stuttgart nachmachen, der sechzehn Stunden und sechzehn Minuten lang unbeweglich stillstand. Das führt eher zu Muskelkrämpfen und nicht zur Verfeinerung der Wahrnehmung.

Setzen Sie sich bequem hin, und schauen Sie auf eine Uhr, die einen Sekundenzeiger besitzt. Die Uhr sollte so angebracht sein, daß Sie sie entspannt anschauen können, ohne den Kopf heben oder senken zu müssen. Beobachten Sie nun einige Minuten lang den Sekundenzeiger. Verlieren Sie ihn nicht aus den Augen. Da dieser Zeiger sich noch ziemlich schnell bewegt, ist es verhältnismäßig leicht, sich auf ihn zu konzentrieren. Führen Sie diese Übung eine Woche lang täglich ein paar Minuten lang aus.

In der zweiten Woche konzentrieren Sie sich bitte auf den Minutenzeiger. Auch dieser bewegt sich noch deutlich sichtbar, wenn auch schon viel langsamer als sein kleiner Bruder. Richten Sie eine

Woche lang mindestens fünf Minuten am Tag Ihre gesamte Aufmerksamkeit auf die Bewegung dieses Zeigers.

In der darauffolgenden Woche konzentrieren Sie sich bitte auf den Stundenzeiger. Obwohl sich dieser bewegt, ist die Bewegung ohne Übung kaum wahrzunehmen. Nach einiger Zeit werden Sie dazu allerdings in der Lage sein.

Diese Übung hilft Ihnen nicht nur, sich auf einen anderen Lebensrhythmus einzustellen und vollkommen in der Gegenwart zu sein, sondern schult als Nebeneffekt Ihre Aufmerksamkeit und verbessert Ihre Konzentrationsfähigkeit.

Sie können dieses Ziel auch erreichen, indem Sie einen Sonnenuntergang oder Sonnenaufgang beobachten, einem Blatt zusehen, wie es vom Baum fällt, oder still dasitzen und Ihren Atem beobachten, wie wir es bereits beschrieben haben.

Auch die chinesische Kampf- und Meditationskunst des Tai Chi Chuan beruht auf diesem Prinzip. Ausgehend von der Erkenntnis, daß das Langsame die Mutter des Schnellen ist, werden dort alle Bewegungen im Zeitlupentempo geübt, bis sich eine vollkommene Körperbeherrschung und ein tiefer innerer Friede eingestellt haben.

Unterwegs

Wagen Sie es in dieser Woche doch einmal, auf der Autobahn oder der Landstraße langsamer als sonst zu fahren und sich die Landschaft anzuschauen, die sonst schemenhaft an Ihnen vorbeifliegt.

Stören Sie sich nicht an den genervten Gesichtern der anderen Autofahrer, die aus unerfindlichen Gründen zwei Minuten eher zu Hause sein müssen (vielleicht weil sie sonst die Fortsetzung der Seifenoper verpassen und nicht wissen, wer wen wie hintergangen hat?). Lassen Sie sich auch nicht beirren, wenn Lastwagenfahrer Sie hupend und mit bezeichnenden Gesten überholen, nur weil diese meinen, die Zeit, die sie in der Führerkabine ihres Fahrzeugs verbringen, sei verlorene Zeit, die sie so schnell wie möglich umbringen müßten.

Wenn Sie beim Fahren merken, daß sich Ihr Körper verspannt hat, daß Hals und Nacken, Schultern und Rücken steif werden, fahren Sie doch auf die nächste Raststätte oder auf einen Parkplatz im Wald, und strecken Sie sich genüßlich und in aller Ruhe. Üben Sie fünf Minuten lang die Gehmeditation, die wir Ihnen beschrieben haben. Sie werden staunen, wie gut Ihnen dieser kostenlose Miniurlaub tut.

Wenn Ihnen ein Stückchen Landschaft besonders gut gefällt, fahren Sie doch an der nächsten Ausfahrt ab, oder parken Sie am Rand der Landstraße. Entspannen Sie Ihre Augen, indem Sie absichtslos in die Ferne schauen und die Welt in sich einströmen lassen, statt sie wie gewohnt einzusaugen.

Die Fahrt ist nicht der sinnlose Zwischenraum zwischen Ausgangspunkt und Ziel, der so schnell wie möglich überwunden werden muß, sondern eine Metapher für unser ganzes Leben. Denn Leben heißt, unterwegs zu sein und sich durch Raum und Zeit zu bewegen. Wer nur auf das Ziel schaut, der verpaßt die Reise, die das Leben selbst ist.

Den größten Teil des Lebens verbringen wir unterwegs. Die wenigen Phasen, in denen wir an einem Ziel ankommen, zeichnen sich vor allem dadurch aus, daß sie zugleich der Beginn einer neuen Reise sind.

Wir sind Nomaden der Zeit, Wanderer durch innere und äußere Welten. Wir sind immer unterwegs und immer frei wie der Wind.

Nur der gegenwärtige Augenblick existiert...
ein Jetzt, das immer und ohne Ende neu ist.
Es gibt kein Gestern oder Morgen,
sondern nur das Jetzt,
so wie es vor tausend Jahren war
und wie es in tausend Jahren sein wird.

Meister Eckhart

Ein ganzes Leben voller Zeit

Wie oft hören wir unsere Freunde sagen: «Leider habe ich keine Zeit!» oder «Ich möchte ja gerne, aber ich weiß einfach nicht, wie ich die Zeit dafür aufbringen soll», und wie oft denken wir es selbst.

Nie scheint genug von dieser flüchtigen, unfaßbaren Substanz da zu sein. Dabei haben wir doch so viel davon. Genauer gesagt, hat jeder von uns ein ganzes Leben lang Zeit, all das zu tun, was er tun möchte. Aber das setzt voraus, daß wir Entscheidungen treffen, denn keiner von uns kann mehrere Dinge gleichzeitig tun. Im Science-fiction-Film *Der Mann, der vom Himmel fiel* spielte David Bowie einen Außerirdischen, der zwanzig Fernsehprogramme gleichzeitig sehen mußte, weil er sich sonst zu Tode gelangweilt hätte. Sein Gehirn war so eingerichtet, daß er alles auf einmal wahrnehmen konnte. Aber was für Außerirdische normal sein mag, ist es für uns noch lange nicht.

Wer beim Fernsehen ißt, nimmt weder die Nahrung noch die Unterhaltung ganz in sich auf; wer beim Sex an steigende Börsenkurse denkt, um sich in Stimmung zu bringen, der verpaßt das Wunder der Einswerdung zweier voneinander getrennter Körper und wird nach dem Orgasmus wahrscheinlich auch noch die falschen Aktien kaufen.

Je mehr wir uns konzentrieren, je achtsamer wir

mit unserem Leben und unserer Zeit umgehen, desto mehr haben wir davon und desto mehr gewinnt sie an Bedeutung. Die Amerikaner sagen «Time flies when you're having fun», aber das gilt nur für oberflächliche Vergnügungen. Wenn wir wirklich eine tiefe Freude an etwas verspüren, steht die Zeit still, weil wir ganz in sie eingetaucht sind und sie nicht mehr von außen betrachten. Erst wenn wir wieder auftauchen und die Welt auf normale Weise sehen, scheint die Zeit wie im Fluge vergangen zu sein, weil wir uns an die Zeit, die wir in der Zeitlosigkeit zubringen, nicht erinnern können.

Wir können nicht entscheiden,
wie wir sterben möchten. Oder wann.
Aber wir können entscheiden,
wie wir jetzt leben möchten.

Joan Baez

Der Fuss ist schneller als das Auto

Stellen Sie sich vor, Sie hätten noch etwas zu erledigen. Dabei haben Sie die Wahl, zu Fuß zu gehen, wofür Sie etwa fünfzehn Minuten brauchen werden, oder mit dem Auto zu fahren, was etwa zwei Minuten dauert. Die meisten Menschen scheuen den fünfzehnminütigen Fußweg und steigen lieber schnell ins Auto.

Aber sind sie deshalb auch wirklich schneller am Ziel? Nur oberflächlich betrachtet. Das Auto ist nämlich nur dann schneller, wenn es in der Nähe des Ausgangsortes geparkt ist, wenn der Fahrer am Zielort sofort einen Parkplatz findet, wenn es keinen Stau gibt, wenn das Gefährt nicht plötzlich seinen Geist aufgibt, wenn es genügend Benzin hat und so weiter.

Wenn wir dann noch hinzurechnen, wieviel Zeit wir damit verbringen, für den Kauf und den Unterhalt des Autos zu arbeiten, wieviel uns Benzin, Steuern und Versicherung kosten, verschiebt sich das Verhältnis der aufgewendeten Zeit noch mehr zugunsten des Fußmarsches.

Wenn wir dann außerdem in Betracht ziehen, wie sehr das Auto die Umwelt verschmutzt und wie sehr unsere Beine und unser Herz sich über die Bewegung freuen würden, hat sich das Nutzen-Aufwand-Verhältnis beinahe schon umgekehrt.

Je mehr Zeit wir zu sparen versuchen, desto mehr verlieren wir. Der Zeitsparende ist eine Art Roboter, der mechanisch das Leben nachahmt und dem dabei immer auf irgendeine unbestimmte Art und Weise unwohl ist, da er das Gefühl nicht loswird, daß das Leben eigentlich mehr sein müßte als das, was er daraus macht.

Manchmal brauchen wir tatsächlich ein Auto, oftmals aber auch nicht. Die Kunst ist einfach die, sich klarzumachen, in welchem Verhältnis Nutzen und Aufwand stehen. Völlig absurd wird die Situation, wenn wir mit dem Auto ins Fitneßstudio fahren, um uns dort eine Stunde auf dem Laufband oder dem stationären Fahrrad abzumühen. Wären wir zum Fitneßstudio gejoggt oder mit dem Fahrrad gefahren, hätten wir uns den Mitgliedsbeitrag schon sparen können – und an der frischen Luft wären wir auch noch gewesen.

Paläste der Langsamkeit

Machen Sie heute einmal absichtlich die Dinge, die Sie sonst so schnell wie möglich erledigen, ganz langsam. Waschen Sie in aller Ruhe ab, gehen Sie heute ganz gemütlich zum Bus, lassen Sie sich Zeit für einen ausführlichen Plausch mit den Nachbarn, lesen Sie die Zeitung aufmerksam Zeile für Zeile.

Lassen Sie uns heute gemeinsam Paläste der Langsamkeit in den Ruinen der Hektik bauen; lassen Sie uns miteinander Oasen der Stille in der Wüste der Vergänglichkeit suchen; lassen Sie uns zusammen Lichtungen der Muße in den Dschungeln unserer Großstädte entdecken und Inseln der Ruhe im tosenden Meer des Wandels finden.

Wir wollen uns heute gegenseitig darin unterstützen, langsamer zu leben und dazu zu stehen. Wir wollen heute Mut zur Langsamkeit beweisen.

Verschwenden Sie heute einmal nach Herzenslust Ihre Zeit. Ja, Sie haben richtig gelesen: Verschwenden Sie sie. Genießen Sie es doch wenigstens einmal, nichts zu tun oder etwas völlig Absurdes zu tun.

Liegen Sie faul auf dem Sofa herum, hören Sie Musik, oder träumen Sie vor sich hin, denken Sie sinnlose Gedanken oder verfassen Sie Romane, deren Anfang Sie schon vergessen haben, bevor Sie auch nur mit dem zweiten Kapitel beginnen konnten. Spazieren Sie durch den Wald, schauen Sie sich das Spiel von Licht und Schatten unter den Bäumen an, knien Sie sich hin, und beobachten Sie die Ameisen bei ihrer Arbeit.

So wie Sie auf diese kleinen Tiere herabschauen, so schaut Gott auf uns herab. Und so wie Sie sich fragen, was die Ameisen eigentlich tun, welchen Sinn all ihr geschäftiges Hin und Her eigentlich haben soll, so schüttelt auch Gott seinen Kopf (wenn er einen hat), wenn er uns beobachtet, und fragt sich, was mit uns bloß schiefgelaufen ist. Denn fast kein Mensch genießt das Leben, obwohl das Wort Lebensqualität in aller Munde ist.

Wenn Sie unseren Rat befolgt haben, wird ein Wunder in Ihr Leben treten. Obwohl Sie heute die

Zeit nach Lust und Laune verschwendet haben, hatten Sie nicht weniger, sondern viel mehr Zeit zur freien Verfügung. Hat dieser Tag nicht endlos lang gedauert? Hatten Sie nicht zwischendrin das Gefühl, er ginge nie zu Ende? Haben Sie sich vielleicht sogar bei dem Gedanken ertappt, es wäre doch eigentlich viel zu viel Zeit da?

Heute haben Sie wahrgenommen, wieviel Zeit Sie tatsächlich zur Verfügung haben. Wenn Sie achtzig Jahre alt werden sollten, besteht Ihr Leben aus 2 522 880 000 Sekunden, von denen jede eine einmalige Ewigkeit ist. Es ist eine so gewaltige Menge, daß uns ganz schwindelig wird, wenn wir uns vergegenwärtigen, daß uns das alles geschenkt wurde und daß wir damit machen können, was wir wollen.

Aus anderer Sicht

Kennen Sie eigentlich Ihre Wohnung? Nicht nur oberflächlich, sondern ganz intim?

Wie wäre es, wenn Sie sich heute beim Essen einmal nicht auf den gewohnten Stuhl setzen, sondern auf einen anderen, und das Zimmer aus dieser neuen Perspektive betrachten? Duschen Sie einmal im Dunkeln, und Sie werden staunen, wie sehr Ihr Körper auch ohne die Hilfe der Augen weiß, wo alles ist. Übrigens ist das Gefühl des heißen Wassers auf der Haut noch viel intensiver, wenn die Augen nicht an der Wahrnehmung beteiligt sind.

Legen Sie sich doch einmal auf den Boden, und stellen Sie sich vor, das Zimmer stünde auf dem Kopf und Sie schwebten an der Decke. Interessante Aussichten, nicht wahr?

Wir sind so sehr daran gewöhnt, das Leben aus der immer gleichen Perspektive zu betrachten, daß uns die Sichtweise eines anderen Menschen oder einer anderen Kultur automatisch suspekt ist. Wir mögen sie tolerieren, aber als gleichberechtigt annehmen tun wir sie nur in den seltensten Fällen.

Dabei wird unser Leben unendlich bereichert, je mehr wir alle Farben des Regenbogens akzeptieren und uns nicht nur auf eine einzige festlegen. Das Glück kennt nämlich weder Hautfarben noch

Nationalhymnen; es akzeptiert keine Trennung in arm und reich, jung und alt, männlich und weiblich, schwarz und weiß.

Wenn wir so richtig glücklich sind, interessiert es uns auch überhaupt nicht mehr, wer «recht» und wer «unrecht» hat. Aus manchem Halbstarken wurde ein zufriedener Mensch, nachdem er sich verliebt hatte. Und aus vielen Revoluzzern wurden sanfte Rebellen, nachdem sie von der Quelle inneren Friedens getrunken hatten.

Das Glück kommt, wann es will und zu wem es will. Grenzen überspringt es singend, Trennungen hebt es lachend auf, Unterschiede macht es mit einem Augenzwinkern bedeutungslos.

Die grosse Welt kleiner Kinder

Kleine Kinder leben in einer Welt, die sich völlig von der der Erwachsenen unterscheidet. Für sie gelten andere Gesetze von Zeit und Raum. Sie sind eins mit der Welt; sie sind ihr Mittelpunkt und ihre Peripherie zugleich.

Versuchen Sie doch einmal, sich dem Zeitempfinden und der Wahrnehmung eines Kindes anzupassen, statt es dazu anzuhalten, die Welt auf Ihre Weise zu sehen.

Sie werden staunen und sich an längst Vergessenes erinnern. Denn nun will jeder Gegenstand ausführlich betastet, belutscht und gebührend bestaunt werden, da jedes Ding ein Geheimnis in sich birgt, das ergründet werden möchte. Mit einem Mal ist jeder Zentimeter des Gartens voller kleiner Wesen, die geheimnisvollen Beschäftigungen nachgehen und die Ihren Erwachsenenaugen bisher verborgen geblieben waren.

Wenn Sie einem dieser kleinen Menschen folgen, aus denen später Erwachsene wie Sie werden, erinnern Sie sich vielleicht daran, daß auch Sie die Welt einmal auf diese Weise erlebt haben. Und vielleicht kehrt etwas von dem Gefühl des Wunderbaren in Ihr Leben zurück. Vielleicht erstrahlt die Welt von neuem in einem Glanz, den Sie längst vergessen hatten.

Die Welt ist nicht kalt, sondern von der Liebe vieler Wesen erwärmt. Kalt ist nur die Rüstung, mit der wir uns gegen unsere Umwelt gewappnet haben. Die Welt ist auch nicht grau, sondern voller Farben. Grau ist nur die Brille, die wir tragen.

Farbenfroh

Überall um uns herum existiert die Welt in den herrlichsten Farben. Die Blumen erblühen mit einer Macht und mit einem solchen Selbstbewußtsein, daß uns ganz schwindelig wird. Sie protzen mit ihren Farben und kümmern sich nicht einen Deut um das Farbempfinden der Menschen. Sie lassen ihre Blüten in Farbkombinationen aufgehen, bei deren Anblick jeder Farbberater aus dem Fenster springen würde. Sie schreien ihre Lebenslust laut in das zarte Rosablau des Morgens hinein, in das gleißende Weißblau des Mittags, in das cremige Blau in Blau des Nachmittags, in das stählerne Graublau des Abends. Sie wollen gesehen werden. Sie wollen von uns bewundert werden.

Tun Sie ihnen den Gefallen. Lassen Sie sich doch heute ein wenig Zeit, um Farben wahrzunehmen. Die Welt ist nicht grau, auch wenn es uns oft so scheint. Die Welt ist voller Farben; es ist unser Gehirn, das daraus einen undefinierbaren Einheitsbrei macht.

Die Welt ist – trotz allem Leiden – auch nicht unglücklich. Blumen, Bäume, Wiesen und Felder, Seen, Flüsse und Meere, Hügel und Berge *sind* einfach und zeigen sich, wie sie sind. Unglücklich sind wir Menschen nur deshalb, weil wir eine

Unglücksbrille tragen und es nicht einmal mehr merken und weil wir glauben, dies wäre unser natürlicher Zustand.

Das Leben ist voller Schmerz, der niemandem erspart bleibt. Der Schmerz ist eine Tatsache, das Leiden ist lediglich eine Reaktion darauf – und eine nutzlose dazu. Wir haben die Wahl, das Leben mit all den Schmerzen, die es unvermeidlich mit sich bringt, zu akzeptieren und glücklich zu sein, oder Schmerzen zu haben und auch noch darunter zu leiden.

Jeder von uns ist Schöpfer seiner Welt. Jeder von uns ist ein kleiner Gott und ein Teil Gottes. Jeder von uns hat den Schlüssel zur geheimen Schatztruhe des Glücks. Wagen wir es, ihn ins Schloß zu stecken und den Deckel ein klein wenig zu heben?

Lächelnd an der Ampel

Wenn Sie ein Auto haben, machen Sie doch einmal folgendes Experiment: Messen Sie die Zeit, die Sie für den Nachhauseweg brauchen, wenn Sie ständig überholen, hupen, drängeln, genervt an Ampeln stehen, mit den Fingern aufs Lenkrad trommeln und alle Autofahrer, die langsamer sind als Sie, für Idioten halten.

Fahren Sie dann am nächsten Tag dieselbe Strecke noch einmal, aber dieses Mal völlig entspannt und in aller Ruhe. Rasen Sie nicht bei Gelb über die Ampel, halten Sie alle Geschwindigkeitsbegrenzungen ein, stoppen Sie am Fußgängerüberweg, und lächeln Sie die vorbeigehenden Passanten an.

Wir wetten, daß Sie nur ein paar Minuten später zu Hause ankommen werden. Und wir wetten auch, daß Sie viel entspannter sein und sich deutlich besser fühlen werden. Wetten, daß sich dann auch Ihr Partner und Ihre Kinder besser fühlen?

Zeitlos

Fühlen Sie sich manchmal wie ein Sklave der Zeit? Kennen Sie das Gefühl, daß Ihr ganzes Leben nur noch aus Hetzerei zu bestehen scheint?

Die Zeit ist sicher kein Tyrann, aber da sie immer da ist und einfach so vor sich hin fließt, ist es leicht, ihr die Schuld zu geben, wenn wir keine haben. Aber wir selbst machen uns zu Sklaven, allerdings nicht der Zeit, sondern der Uhren.

Wir folgen nicht mehr unserem natürlichen Rhythmus, sondern dem willkürlich – von Menschen – erdachten der Uhr. Uhren bestimmen jeden Bereich unseres Lebens: wann wir aufstehen, wann wir essen, wann wir ins Bett gehen, wann wir uns mit unseren Kindern beschäftigen. Sie bestimmen, wie lange wir Fußball spielen, wie lange wir auf jemanden warten, sogar, wie lange wir uns lieben.

Lassen Sie heute einfach einmal Ihre Armbanduhr zu Hause. Vertrauen Sie auf den Rhythmus Ihres Körpers, der besser weiß als jede Uhr, wann er hungrig und wann er müde ist, wann er arbeiten und wann er sich ausruhen möchte, wann er voller Energie ist und wann er eine Pause braucht.

Keine Sorge, Sie werden nicht gleich Ihren Job verlieren, wenn Sie einmal einen Tag lang keine Uhr tragen. Sie werden auch nicht den ganzen Tag über zu spät kommen, denn in jedem Büro, in jeder Fabrik, auf der Straße, im Bahnhof und in allen Restaurants gibt es genug Uhren, die Ihnen zeigen werden, wie spät es ist.

Aber vielleicht merken Sie heute, wie sehr Sie von dem Gerät, das Sie an Ihrem Handgelenk tragen, beherrscht werden. Eigentlich soll es ja den Fluß der Zeit messen, um Ihnen jederzeit zu zeigen, an welchem Zeit-Punkt Ihres Lebens Sie sich gerade befinden. Aber das tut es nicht. Statt dessen kontrolliert es Sie auf Schritt und Tritt und gibt Ihnen den Takt Ihres Lebens vor – wie früher die Trommler auf den Galeeren.

Es gibt nur eine einzige reale Zeit, und die heißt «jetzt». Alles andere sind gängige Konventionen, die jeder Wirklichkeit entbehren. Und jetzt ist genügend Zeit da – immer und auf ewig.

Wie herrlich ist es,
daß niemand eine Minute zu warten braucht,
um damit zu beginnen,
die Welt langsam zu ändern.

Anne Frank

Lebenswert

Für uns war ein Jahr immer dann lebenswert, wenn wir uns Zeit genommen haben für Liebe und göttlichen Sex, für tiefgehende Gespräche und lange Spaziergänge, für unsere eigenen Bedürfnisse und die unseres Partners, unserer Kinder und Eltern, unserer Freunde ebenso wie für die von Fremden.

Wenn wir jeden Tag aufmerksam wahrgenommen haben, welch ein großes Geschenk unser Leben ist; wenn wir bewußt geatmet und die Luft nicht gierig, sondern dankbar in uns aufgenommen haben; wenn wir uns an der Schönheit der Welt erfreut und etwas zu ihr beigetragen haben, dann können wir rückblickend aus vollem Herzen und mit tiefer Genugtuung sagen: Dieses Jahr war lebenswert.

Schon da

Ein Grund, warum wir so unermüdlich herumrennen, ist die Idee, daß eigentlich alles viel schneller gehen müßte, daß das Leben doch aufregender sein könnte, daß kleine Schritte langweilig sind und daß das Leben nur aus Höhepunkten bestehen sollte. Der Prozeß des Reifens würde dieser Idee zufolge am besten über Nacht vonstatten gehen und Wachstum nur noch im Zeitraffer. Wie sagte doch die jüngste von Sylvias Töchtern: «Ich wünschte, ich würde heute abend einschlafen und morgen früh als Erwachsene aufwachen.»

Aber Leben besteht aus Übergängen, nicht aus fertigen Zuständen, und kein Übergang kann übersprungen werden, nur weil er uns unnötig erscheint. Jedes Wachstum findet in kleinen – und kleinsten – Schritten statt. Für die großen Sprünge haben wir ein anderes Wort: Katastrophe. Kein Mensch ändert sich von heute auf morgen, sondern langsam und fast unmerklich. Er mag zwar heute anders reden als gestern, einen anderen Haarschnitt haben oder einen neuen Standpunkt vertreten, aber in seinem innersten Wesen hat er sich kaum verändert.

Das ist auch das Problem mit den großen gesellschaftlichen Umwälzungen und Revolutionen: Die alten Menschen versuchen, etwas Neues zu machen, aber da sie nur das Alte kennen, wird aus dem Neuen sehr schnell wieder ein Abklatsch des Alten. Und entweder ist am Ende gar nichts erreicht, oder das Neue wird noch schlimmer, als es das Alte jemals war. Die meisten der wohlmeinenden Revolutionäre, die grausame Diktatoren stürzten, wurden am Ende schlimmer als ihre Vorgänger.

Jede Veränderung braucht Zeit, jeder Prozeß findet aufgrund seiner eigenen ihm innewohnenden Gesetze statt und nicht nach unserem Stundenplan der Bequemlichkeit. Es gibt eine schöne Geschichte von einem Reisenden – natürlich einem Weisen aus einem fernen Land –, der in Frankfurt am Flughafen ankommt. Seine Schüler holen ihn ab und wollen ihn sofort zum Hotel fahren. Er aber schüttelt nur still den Kopf, setzt sich erst einmal in die Ankunftshalle und meditiert eine Stunde. Auf die erstaunte Frage seiner Schüler, warum er denn hier in dieser so gänzlich unmeditativen Umgebung meditiere, antwortet er: «Mein Körper ist so schnell geflogen, da braucht meine Seele noch etwas Zeit, um nachzukommen. Ich warte hier auf sie.»

Leider sind viele von uns der Idee aufgesessen, Erleuchtung – also die Befreiung von allen Konditionierungen und das damit verbundene direkte Wahrnehmen der Welt – fände plötzlich als einmaliges, welterschütterndes Ereignis und wie aus heiterem Himmel mit Pauken und Trompeten statt. Und so warten wir dann auf die große Sensation und sind maßlos enttäuscht, wenn sie nicht kommt – und merken gar nicht, daß wir schon viel erleuchteter sind, als wir glauben.

Die Vorstellung von Erleuchtung als einem Alles-oder-Nichts-Erlebnis hält viele Menschen von der Erkenntnis ab, daß sie bereits erleuchtet sind. Wir suchen nach etwas, das wir nicht finden können, weil es sich immer in uns befand; wir warten auf etwas, das nicht kommen kann, weil es schon immer da war.

Reifen ist ein langsamer, allmählicher Prozeß, der völlig unspektakulär vor sich geht. Nur der aufmerksame Beobachter wird überhaupt merken, wie er sich verändert und in der Gegenwart immer mehr das verkörpert, was er in der Zukunft sucht.

Lebe dein Leben ganz und gar, denn es wäre ein Fehler,
es nicht zu tun. Es ist nicht so wichtig,
was du im einzelnen tust, solange du nur lebst.
Denn wenn du das nicht getan hast,
was hast du dann überhaupt davon gehabt?

Henry James

Einfach weiterjäten

Es heißt, eines Tages sei ein Mann zu Magister Mario gekommen, der gerade im Garten auf der Erde hockte und Unkraut jätete. Dieser Mann habe ihn gefragt, was er tun würde, wenn er wüßte, daß die Welt am nächsten Tag enden würde. Ohne aufzuschauen oder seine Arbeit auf andere Weise zu unterbrechen, antwortete der alte Mystiker: «Ich würde weiterjäten.»

Der Mann hielt ihn natürlich für verrückt, weil ihm diese Antwort nicht gefiel. Er hatte sich nämlich vorgenommen, noch einmal alles auf eine Karte zu setzen und in der kurzen ihm verbleibenden Zeit soviel wie möglich zu erleben und soviel es eben ging an sich zu raffen.

Es gibt aber im Leben nichts, das wir noch schnell erledigen müßten, bevor die Welt untergeht. Wir verpassen nichts, wenn wir nicht ständig umherrennen wie geisteskranke Hühner, um soviel wie möglich zu tun und zu erleben, zu besitzen und zu genießen, bevor die Welt endet.

Im Gegenteil: Je mehr wir tun, desto weniger können wir genießen, was wir tun. Je schneller wir durch unser Leben eilen, desto weniger Freude haben wir an dem, was uns auf unserem Lebensweg begegnet. Je mehr wir uns an die Quellen äußeren Glücks klammern, desto leichter rinnt es uns durch die Finger.

Wenn wir aber ganz und gar in dem aufgehen, was wir tun, verlangsamt sich die Zeit spürbar oder scheint gar stillzustehen. Eine Sekunde wird zur Stunde, eine Minute zum Tag, eine Stunde zur Woche. Es gibt nur noch uns und das, was wir gerade tun. Wenn wir aufmerksam im Garten arbeiten, passen wir uns dem Rhythmus der Pflanzen an. Diese kennen keine Eile, sie stehen geduldig da und wachsen, und wenn ihre Zeit gekommen ist, lassen sie die Blüten hängen und verwelken, um im nächsten Jahr den Zyklus von neuem zu beginnen. Und wenn die Welt tatsächlich untergehen sollte, während wir im Garten arbeiten, so gehen wir aus dieser Ewigkeit nur in eine andere Ewigkeit ein.

Wenn wir ganz und gar in dem aufgehen, was wir tun, hört die Zeit ohnehin auf zu existieren und verdichtet sich zu einer kleinen Blase, in der es nur noch das gibt, was wir gerade tun, und uns selbst. Wenn wir aufmerksam im Wald spazierengehen, existiert für uns nur noch die gleichmäßige Bewegung des Körpers und die schweigende Gesellschaft der Bäume, die mit ihren Kronen in den Himmel streben, mit ihren Wurzeln aber tief in die Erde hineinwachsen.

Wenn wir ganz und gar in dem aufgehen, was wir tun, hören Vergangenheit und Zukunft auf, eine Rolle in unserem Leben zu spielen, und wir befinden uns im ewigen Augenblick, der bis ans Ende aller Zeiten dauert. Ein Augenblick geht nahtlos in den nächsten über, so wie sich aus dem Ozean eine Welle erhebt und wieder vergeht. Wenn wir in den Bergen oder am Meer sind und aufmerksam den Kräften der Natur zuschauen, treten wir ein in das Reich des Augenblicks, der lange vor uns da war und noch lange nach uns da sein wird.

Oft, wenn ich tanze,
fühle ich mich von etwas Heiligem berührt.
In diesen Augenblicken spüre ich,
wie sich meine Seele erhebt
und eins wird mit allem, was ist.
Ich tanze ... und tanze ... und tanze,
bis es nur noch den Tanz gibt.

aus: Michael Jackson,
«The Dance»

Wer glücklich ist, kann glücklich machen:
Beschließende Worte

Während Sie die folgenden Zeilen lesen, werden Sie sich bitte Ihres Atems bewußt. Atmen Sie langsam ein und aus, ohne den Atem zu forcieren oder ihm einen bestimmten Rhythmus aufzwingen zu wollen.

Der Atem kommt, der Atem geht. Gedanken tauchen auf, Gedanken verschwinden. Gefühle entstehen, Gefühle vergehen.

Tag folgt auf Nacht auf Tag. Die Sonne geht auf und unter und wieder auf. Die Bäume treiben neue Blätter, um sie wieder zu verlieren. Sommer folgt auf Frühling und Winter auf Herbst.

Menschen werden geboren und sterben. Menschen wachsen und verfallen. Menschen werden krank und gesunden, werden wieder krank, um endlich heil zu werden.

Nichts besteht, und nichts vergeht wirklich. Alles wandelt sich in einem immerwährenden Tanz. Ohne Leben kein Tod, aber ohne Tod auch kein Leben.

Dunkelheit und Licht wechseln sich ab, Glück und Unglück sind zwei Seiten derselben Medaille. Erfolg und Mißerfolg sind siamesische Zwillinge und daher untrennbar miteinander verbunden.

Je weniger Sie *tun*, desto größer ist Ihre Chance zu *sein*. Nicht etwas Bestimmtes zu sein, sondern einfach präsent zu sein, zu leben.

Je weniger Sie besitzen, desto mehr können Sie haben, denn nur das gehört wahrhaft Ihnen, was Sie zum Leben brauchen und als solches ehren und achten.

Je einfacher Sie Ihr Leben gestalten, desto reicher können Sie sein, denn wahrer Reichtum kommt von innen und verwandelt jede Hütte in einen Palast.

Je mehr Sie alles Streben und Wollen loslassen, desto mehr wird Ihnen geschenkt werden, denn wir leben in einem Universum der Güte und des Überflusses.

Je langsamer Sie leben, desto schneller können Sie reifen und jeden Tag Ihres Lebens inmitten einer Welt unbeschreiblicher Wunder verbringen.

Atmen Sie langsam weiter. Schließen Sie jetzt das Buch, und öffnen Sie Ihr Herz, damit Sie merken, daß das Glück schon bei Ihnen ist.

Wenn Sie selbst glücklich sind, können Sie auch andere glücklich machen – nicht, indem Sie etwas tun, sondern indem Sie einfach sind, wie Sie sind.

Ein Mensch, der im Bewußtsein seiner Vollkommenheit lebt und alles Streben aufgegeben hat, überträgt den inneren Frieden, der in ihm lebt, auf alle Menschen, die in seine Nähe kommen. Das Glück, das er ausstrahlt, nistet sich im Herzen eines jeden ein, der mit ihm in Berührung kommt.

So ein Mensch sind auch Sie. Teilen Sie Ihr Glück mit anderen. Je mehr Sie es teilen, desto größer wird es werden.

Auf dem Wasser zu wandeln ist kein Wunder.
Ein Wunder ist es, im gegenwärtigen Augenblick
auf der grünen Erde zu gehen und den Frieden
und die Schönheit zu würdigen, die uns umgibt.
Das ist keine Frage des Glaubens,
es ist eine Frage der Übung.
Wir müssen nur Wege finden,
unseren Körper und unseren Geist
zurück in den gegenwärtigen Augenblick zu bringen,
damit wir von dem Wunderbaren berührt werden,
das uns erfrischt und heilt.

Thich Nhat Hanh

Je weniger wir tun,
desto mehr können wir sein

*In welchen Bereichen kann ich weniger tun,
um mehr zu mir selbst zu finden?*

Je weniger wir besitzen,
desto mehr haben wir

Was brauche ich wirklich,
um glücklich zu sein?

Je einfacher wir unser Leben gestalten, desto reicher sind wir

Wie kann ich mein Leben vereinfachen, um ganz erfüllt zu sein?

Je mehr wir loslassen,
desto mehr wird uns geschenkt

Was kann ich loslassen,
um die Geschenke des Lebens anzunehmen?

Je langsamer wir leben,
desto schneller reifen wir

Wie kann ich einen langsameren Rhythmus finden, um mein Leben mehr zu genießen?
